学前教育专业新形态系列教材

幼师美术

第3版 全彩微课版

徐锋 韩晓雁 ◎ 主编

张晓燕 贾吉俊 张虹 郝代洁 ◎ 副主编

人民邮电出版社

北京

图书在版编目（CIP）数据

幼师美术：全彩微课版 / 徐锋，韩晓雁主编. -- 3
版. -- 北京：人民邮电出版社，2022.9（2024.6重印）
学前教育专业新形态系列教材
ISBN 978-7-115-59173-9

Ⅰ．①幼… Ⅱ．①徐… ②韩… Ⅲ．①学前教育—美
术课—幼儿师范学校—教材 Ⅳ．①G613.6

中国版本图书馆CIP数据核字(2022)第065355号

内 容 提 要

本书分为基础培养、拓展提升、综合训练和见多识广四大部分，共8章内容：素描、简
笔画、手绘POP在幼儿园里的运用、装饰色彩及其运用、美术字、设计基础、美术赏析和
幼儿美术作品赏析。本书按照由基础到综合的逻辑和幼师专业的特点由浅入深地安排讲解
内容，既有系统理论知识与绘画技巧的讲解，又密切结合专业实践，注重学生的能力培养
与训练。

本书既可作为职业院校学前教育专业的教材，又可作为在职幼儿教师在美术课方面的
学习参考用书。

◆ 主　　编　徐　锋　韩晓雁
　　副 主 编　张晓燕　贾吉俊　张　虹　郝代洁
　　责任编辑　连震月
　　责任印制　王　郁　彭志环
◆ 人民邮电出版社出版发行　　北京市丰台区成寿寺路 11 号
　　邮编　100164　　电子邮件　315@ptpress.com.cn
　　网址　https://www.ptpress.com.cn
　　优奇仕印刷河北有限公司印刷
◆ 开本：700×1000　1/16
　　印张：12.5　　　　　　　　2022 年 9 月第 3 版
　　字数：228 千字　　　　　　2024 年 6 月河北第 3 次印刷

定价：49.80 元

读者服务热线：(010)81055256　印装质量热线：(010)81055316
反盗版热线：(010)81055315
广告经营许可证：京东市监广登字 20170147 号

序

进入21世纪，社会对学前教育越来越关注，对幼教师资的要求越来越高，这对幼师教育来讲，既是机遇又是挑战。机遇是幼师专业将步入一个快速发展的新时期，挑战是缺乏专业特长的幼师专业毕业生将难以适应社会的需要。面对当今社会发展的新形势，面临幼师教育的新挑战，编者坚持在探索中实践，在实践中创新，以别开生面的视角，匠心独运的思维，科学严谨的态度，编写了本书，从理论上破解了"培养什么样的幼师人才"的问题，从实践上提供了"怎么培养幼师人才"的方法。本书是一本立足教学实践、贴近校本实际、适应人才培养的教材。

从内容编排上看，本书更加贴近学生实际。书中既有基础知识，又有示范演示，还有名画赏析；既有素描、色彩等美术基本功的训练，又有简笔画、手绘POP的运用；还有平面构成等美术专业的相关知识。由浅入深的内容编写，由易到难的实践设计，充分体现了"低起点掌握，小步子推进"的幼师美术教学规律。

从实践应用上看，本书更加贴近人才培养实际，着眼于未来岗位的要求，着眼于学生素质的提高，引入了新内容、新技术、新方法，使书中知识与岗位能力对接，教学与实际应用对接，真正实现人才培养与社会用工的有效对

序

应。例如，本书在简笔画部分引入"3D建模"形式，使简笔画的立体造型形象生动，易于掌握。在手绘POP部分，本书把在商业领域应用广泛的POP宣传模式引入教学，让学生掌握新颖鲜活的幼儿园环境创设方法，将来能更好地满足幼儿的趣味性、亲和力和视觉方面的需求，增强"准幼儿教师"岗位的适应性，帮助学生打下坚实的美术基础。

值得一提的是，编者对"幼师美术"教学不是就事论事，而是高屋建瓴，既把美术艺术与幼师专业的技能、技艺有机结合在一起，又把书本知识与幼师专业的实践有机结合在一起，使本书的编写展现了立体化、生活化、实用化的特点，不仅能够全面开发学生的心智，而且能够有效地提高人才的培养质量。

相信该书的问世一定会受到广大教师的青睐和学生的欢迎！

青岛幼儿师范学校校长
中国学前教师专委会高中分委会常务副理事长
第三届青岛市教育学术委员会专家委员

只有全面、深入学习党的二十大精神，才能更好地推动教育事业高质量发展，才能有效应对社会环境变化带来的教育改革实践。《幼师美术》第1版自2012年出版，10年来一直得到广大师生们的认可，为贯彻课程改革的精神，丰富学前教育教材美育方面的内容，使教学内容突出时代感和实用性，我们在2017年第2版的基础上进行改版，对相关内容进行了改编和修订。

本书的编写是在贯彻落实党的二十大精神的前提下，在保持原有内容结构、学前专业特色的基础上，深入浅出，从零入手，手把手教给学生绘画的方法和技巧，进一步强调学科的基础性与技巧性，注重信息化资源的积累，注重学生学科素养的培养，根本解决学生从"会画"到"会用"的难题，更加注重对学生走进岗位后实践操作技能的培养。根据以上原则，我们对本书深化和拓展了相应的重点知识。

《幼师美术（第3版 全彩微课版）》较第2版做了以下修订。

第一章 素描，增加结构素描部分，拓展结构造型内容。第二章 简笔画，增加静物简笔画和景物简笔画，尤其是景物简笔画特别突出如何构图，手把手教授绘画技巧，将抽象的概念具象化，便于学生更好地吸收掌握。为了寻找绘画的技巧，我们在动物简笔画中，大胆采用书法的字体结构法，抛开动物

前言

原有的分类，仅仅从绘画结构出发，通过这种大胆的尝试，加强学生结构分析的能力，提升学生的绘画水平。本章还从人物简笔画拓展到创编动作的技巧技法，更具有针对性和实用性。第三章 手绘POP在幼儿园里的运用，介绍了POP的构成要求、POP的种类，以及POP字体的书写方法等。第四章 装饰色彩及其运用，增加大量的装饰画案例供学生临摹，更加注重教学在实际中的实用性。第五章 美术字，增加了更多的艺术字变形，更加适应幼儿园实际教学的需求。第六章 设计基础，增加了许多设计案例，拓展了资源建设。第七章 美术赏析，在民间工艺内容中增加了幼儿园常见的手工作品形式，突出幼师专业的特点和时代感。第八章 幼儿美术作品赏析，对儿童美术作品进行大量的推陈出新，体现儿童作品的时代感，便于学生更好地了解孩子们目前的绘画特色。

总结以上内容，本书的特色体现在以下几个方面。

一、综合应用性更强

本书更加注重章节之间、相关学科之间的联系，让知识更加系统化；更加注重与社会实践之间的关系；将素描和简笔画、简笔画和动漫、装饰画和POP进行了很好的衔接和融合。

二、技能技巧更加突出

学生从"会画"到明白"为什么这样画"是一个思维训练和综合技能技巧培养的过程。本书增加大量技法小窍门、小贴士，将日常教学中遇到的重难点以画龙点睛的形式呈现给学生。只有突破难点，才能在真正意义上达到提升学生综合绘画

水平的目标。

三、课程资源更加精细

  本书所增加的插图都是由师生亲自创编手绘，并精挑细选出来的。本书又增加大量参考图例，为广大师生提供更多参考范例，满足日常教学所需。另外，本书还配套了相应的微课视频，读者扫码即可观看。

  本书由徐锋、韩晓雁担任主编，由张晓燕、贾吉俊、张虹、郝代洁担任副主编。编者在本书编写过程中得到了相关领导、专家和同行的无私指导和帮助，在此一并表示最真诚的感谢。另外，本书选用了一些已经出版的美术作品作为范例和赏析对象，在此向这些作品的作者深表谢意。

  本书如有不妥和遗漏，敬请广大读者批评指教！

编者
2023.7

目录

目录

基础培养

第一章 素描

　　素描是运用单一的色彩来表现物体的结构、形体和明暗关系的一种绘画方式。素描从描绘对象上可以分为石膏体、静物、风景和人物；从表现手法上可以分为结构素描和调子素描两大类；从绘画工具上可以分为铅笔素描、钢笔素描等。素描是一切造型艺术的基础。由简到繁地进行素描练习，可以使学生逐步学会正确的观察方法和表现方法，并使学生学会运用透视学原理，通过对物体对象的形体结构、调子、质感、空间感的正确表现，塑造出美的画面（见图1-1），同时培养学生高雅的审美观。

图1-1

第一节

素描基础

一、光源

　　将画室北窗的自然光作为光源，可保持光线基本照射在所画物体上，也可以利用稳定的灯光作为所画物体的光源。

二、素描工具

　　1. 铅笔：铅笔分硬铅和软铅两种（符号H代表硬铅，符号B代表软铅），素描常用铅笔型号有2H、H、HB、2B、3B、4B、5B等。其他笔类工具还有炭笔、炭精条、钢笔、毛笔等。

2. 橡皮：橡皮以柔软的为好，如4B橡皮等。

3. 素描纸：宜选用毛也上乘，能反复描绘与擦拭的素描纸。

4. 画架：画架是专业作画时放置画板的架子，应以方便升降为佳。

5. 画板：画板是用于垫素描纸的平板。画板宜选用4开大小，速写板可选用8开大小。

6. 其他工具：小刀、铁夹、透明胶带、定画液等都是不可缺少的。

三、笔的握法与作画姿势

笔的握法

1. 竖握法：此方法多用于起稿大面积的明暗部分（见图1-2）。

2. 横握法：此方法主要用于描绘形体的细小部分。此方法的姿势如同用钢笔写字一样，以手腕带动手指进行刻画（见图1-3）。

竖握法

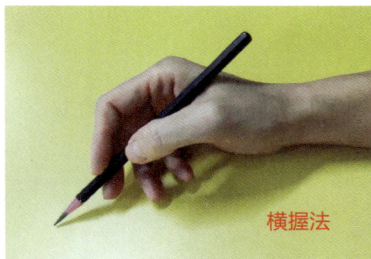
横握法

图1-2   图1-3

3. 作画姿势：作画时首先根据观察的角度与构图来确定是站着还是坐着（见图1-4和图1-5）；其次，作画者的视线应该与画板呈近似垂直状态。在作画过程中，一定要保持画面与物体的距离和角度，使画面全部处于视线之内，以便更好地观察和把握画面各个部分的关系。

图1-4   图1-5

学习素描的第一阶段要熟练排线，这是一种基本功训练。排线线条要两头轻、方向一致、疏密匀称；还要求初学者能变换方向画出轻重、浓淡关系，让手、腕、肘的运动协调，为塑造物体的明暗层次打下扎实的基础（见图1-6）。

素描排线

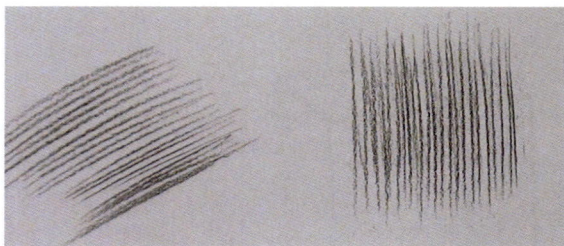

图1-6

 **练练看** 请使用正确的握笔姿势练习排线。

第二节
透　视

"透视"是一种视觉现象，是指通过一个假设的透明的平面去看物象，把所看到的物象的轮廓线描画在透明的平面上，所得的图叫透视图。

一、有关透视的基本术语

图1-7所示为透视现象的展示，其中术语说明如下。

视点：眼睛所在的位置，即S点。

视平线：与观察者双眼平行且与视线相交的水平线。

心点：指作画者的眼睛正对着的视平线上的点，即P点。

视中线：经过心点与画面垂直的线。

消失点：视线与视平线直角相交的一点（也是平行透视的唯一消失点）。在平行透视中，心点与消失点重叠；在成角透视中，有两个消失点，分别位于心点的两侧。

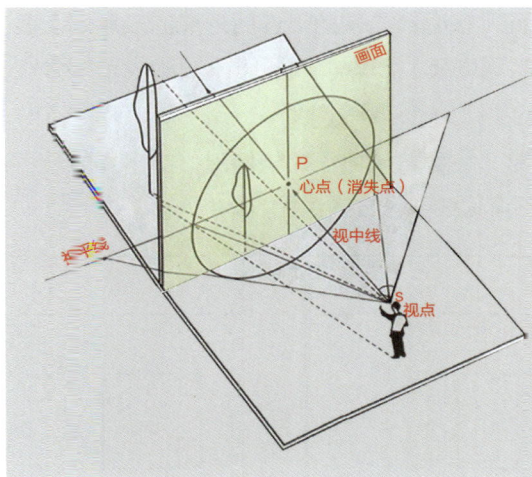

图1-7

二、透视的种类

透视主要分为平行透视和成角透视。

（一）平行透视

1. 平行透视的定义

平行透视是指物体的底边与画面平行，只有一个消失点（见图1-8和图1-9）。

图1-8

图1-9

2. 平行透视图的画法

下面以六面体为例介绍平行透视图的画法，如图1-10所示。

第一步 定出点、线、面（线为视平线，点为心点，面为六面体的一个平行面）。

第二步 连线（从心点出发与正方形的四个角连线，注意，必须每个角都连上）。

第三步　截面（在心点与四角相连后形成的三角面上截取六面体的深度线。注意，截取时所画的线条要分别与相对应的平行面的边平行）。

第四步　调整（一要将可见线加粗描黑，突出立体感；二要找出不可见线，画成虚线）。

平行透视图的画法

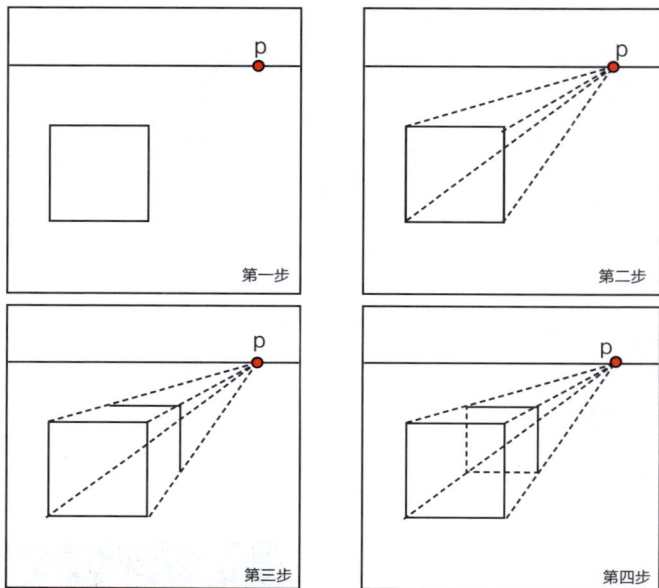

图1-10

> **小贴士**　如何找出六面体平行透视图中的不可见线？六面体的每个角上都会有三种线，分别是平行线，斜线和垂直线。角上缺少哪种线，直接从角上补充哪种线就可以了。用这种方法可以迅速、准确地完成在六面体上"找不可见线"的任务。

3. 六面体平行透视图

六面体平行透视图的画法如图1-11所示。

4. 拓展知识

六面体平行透视图画法同样可以用于绘制异形体平面透视图（见图1-12），另外还可以用于绘制室内效果图（见图1-13）。

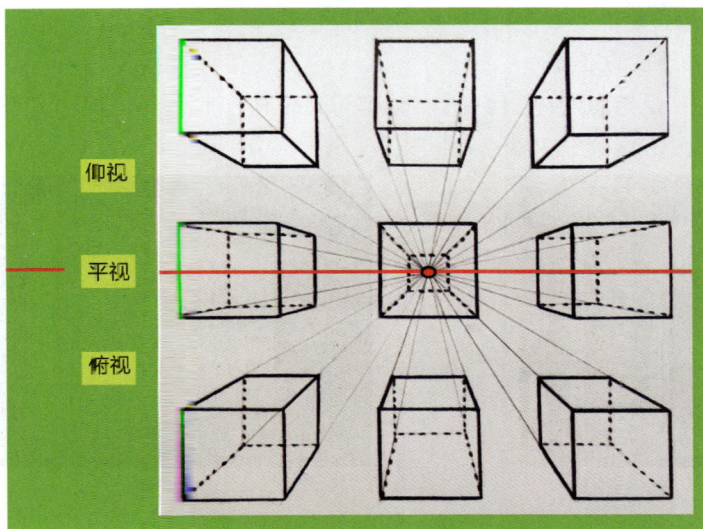

图1-11

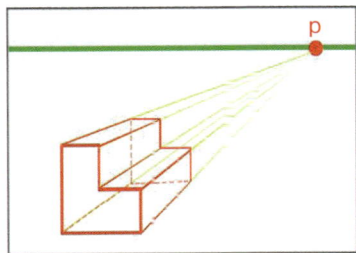

图1-12

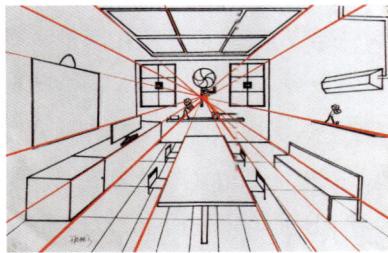

图1-13

小贴士

　　六面体是最基本的物体造型之一，在画复杂物体的平行透视图时，只要准确画出切面的形状就可以准确画出复杂物体的平行透视图。例如，画梯形堤坝和六棱柱的平行透视图时，只要找对梯形和六边形就可以画出它们的平行透视图了。

练练看

1. 请完成9个六面体在不同视角的平行透视图。
2. 试一试完成"工"字形物体的平行透视图。

（二）成角透视

1. 成角透视的定义

成角透视是指物体的任何一个底边都与画面不平行，所有的斜线汇聚到两个消失点上（见图1-14和图1-15）。

图1-14

图1-15

2. 成角透视图的画法

下面以六面体为例介绍成角透视图的画法，如图1-16所示。

成角透视图的画法

第一步 确定两个点和两条线（定出心点、视平线和物体的一条高线AB）。

第二步 连线（由AB两点分别与P1、P2连线）。

第三步 截面（在连线形成的两个三角形内定出六面体的宽窄C、D点，并分别作AB的平行线，与P1B和P2B分别相交于E、F）。

第四步 再连线（将C、D、E、F点分别与心点P1、P2相连）。

第五步 调整描线。

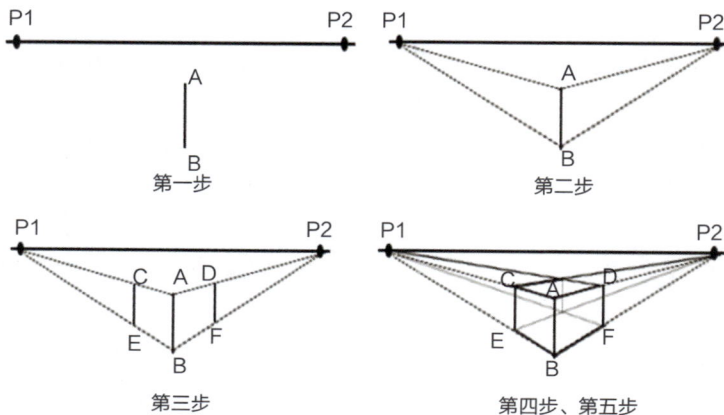

图1-16

成角透视图比平行透视图多了一个心点，绘画难度自然比平行透视图稍有增加。绘画步骤中增加了一步"再连线"，这一步如果忽略或漏了某条线的连线，就会在后面找不全"不可见线"，给最后一步的调整描线增加负担。

六面体成角透视图不可见线的补充口诀——每个六面体的顶点上都会聚集三条线：一竖，两斜。一竖线指的是物体边高线；两条斜线指的是分别与两个心点相连的两条线条。成角透视六面体图如果在最后发现缺少一条线，可以通过这种数线条的方法推出缺什么线条，然后从顶角出发补充即可。

3. 六面体成角透视图

不同视角六面体成角透视图的画法展示（见图1-17）。

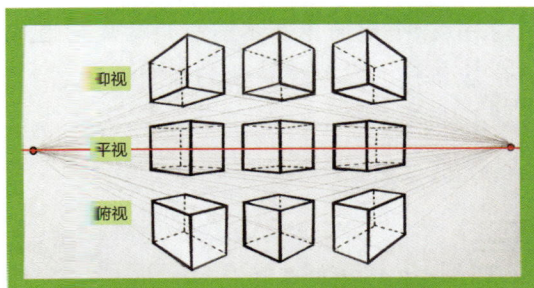

图1-17

4. 拓展知识

建筑物的成角透视图画法和六面体成角透视图的画法是一样的，要先确定好两个消失点（也可以定在画外）、视平线（确定俯视或仰视）和建筑物的高线（建筑物离我们最近的最高边线）。在画建筑物时要注意先从外轮廓出发，绘制好外轮廓后再进行内部细节的透视图绘制（见图1-18和图1-19）。

建筑物的成角透视图画法

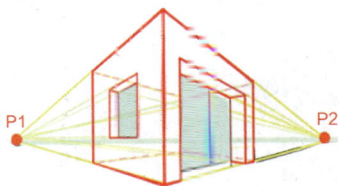

图1-18

图1-19

5. 超级链接

后面学习简笔画的内容时，我们同样也会使用到成角透视图的绘画知识。比如蘑菇房门口的透视（见图1-20），一定要注意门底边和侧墙进深线的绘制，以免出现透视错误。

蘑菇房门口的透视

图1-20

> **小贴士**
>
> 我们在实际绘画中遇到的成角透视图，往往心点都在画面以外，这样可以保持物体的透视效果不失真。

练练看

1. 请完成9个六面体在不同视角的成角透视图。
2. 试着画一个室外建筑物的成角透视图。

三、透视作品欣赏

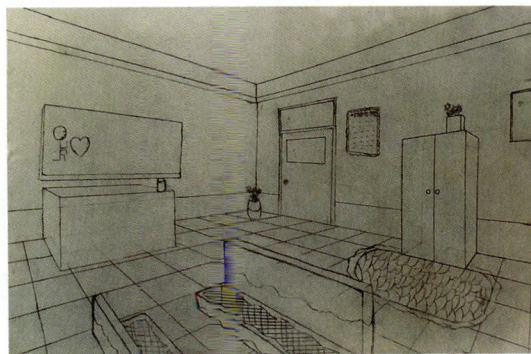

第三节

素描的表现方式

素描的表现方式主要有结构素描和明暗素描两种。静物单体的描绘要运用结构画法与明暗画法相结合的方法。作为学前教育专业的学生要特别关注物体结构的画法，这是几何体学习的中心内容。我们通过对物体从外到内的整体观察、分析，进一步理解其构造规律，体积的塑造与空间透视的形成等。学习结构画法能帮助我们掌握物体的形体结构，为以后学习简笔画和卡通画等打好造型基础。

一、结构素描

1. 结构素描的概念

结构素描指运用单色描绘物体的形体结构和形体各部分的组合连接关系，它以线的塑形为主。结构素描不受物体光照明暗变化的影响及虚实关系的制约，强调贯穿形体结构本身的内外框构造、透视和空间关系，以及线条的多样统一（见图1-21）。

学习结构素描时，要时刻把握整体与

图1-21

局部之间的形体关系和比例，准确地概括与表现对象的体面关系；用线条反映对象的结构规律，看得见的与看不见的都要表现出来；要表现出空间结构的前后层次关系，看得见的用粗实线，看不见的用细实线；绘画者要明白形体之间的位置关系。对于每个局部与整体形体，都要将其先规划成几何方体，以求准确地表现。结构素描常用的是成角透视，一般描绘的是小型人造物品，如工业产品、家具及日用品等。

2. 结构素描的画法

（1）六面体结构素描的绘画步骤（见图1-22）

第一步　整体观察，定出作品的大体位置。

第二步　直线起稿，画出大的形体结构比例。

第三步　明确是何种透视关系。

第四步　深入刻画结构与体面的关系，找出不可见线确定透视关系是否准确。

第五步　加深结构线，画出投影外形。可以稍微补充暗部的大体调子，突出明暗关系。

六面体结构素描
的画法

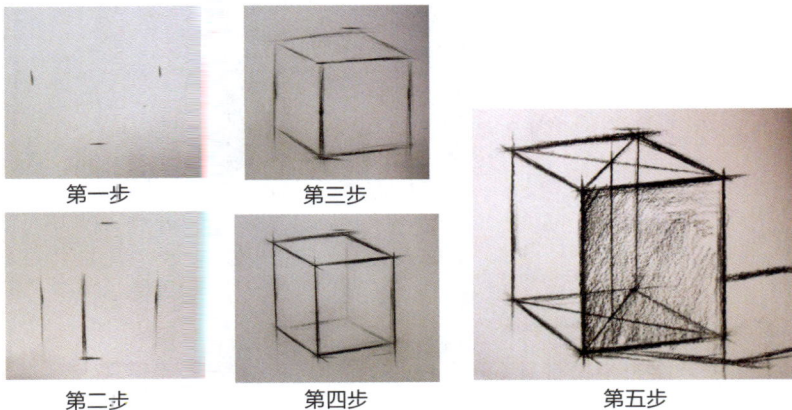

第一步　　　　第三步

第二步　　　　第四步　　　　　　第五步

图1-22

（2）球体结构素描的绘画步骤（见图1-23）

第一步　在合适的位置先画一个正方形，在其中间画出十字中线作为球体的标线。

第二步　从正方形的4个角出发，用直线不断切出一个圆形。

第三步　找出球体的明暗交界线和投影。

第四步　加深球体的外结构线，标出球体中心横纵的切面结构线。

球体结构素描的
画法

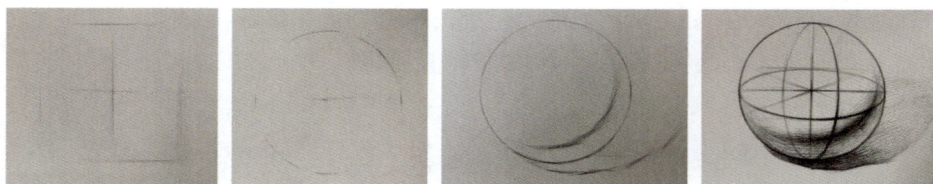

| 第一步 | 第二步 | 第三步 | 第四步 |

图1-23

（3）圆柱体结构素描的绘画步骤（见图1-24）

第一步 画一个长方形，在顶部和底部标出圆柱体的顶面和底面范围。

第二步 勾勒出圆柱体的大体结构。

第三步 加强圆柱体外结构线的深度，可以简略表示圆柱体的明暗交界线和投影。

圆柱体结构素描的画法

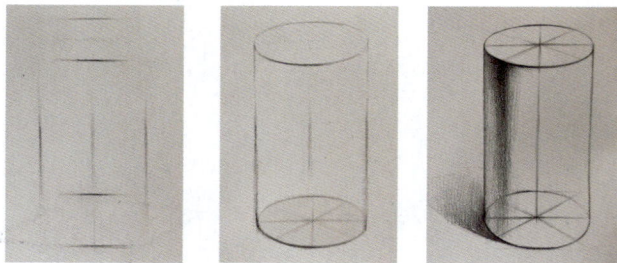

| 第一步 | 第二步 | 第三步 |

图1-24

小贴士

圆柱体的顶面是一个椭圆形，椭圆形要避免两端呈尖角。可以采用在中线上画小括号的方法处理两头的拐角（见图1-25），保障拐角处的圆滑和对称。

用小括号处理两头拐角

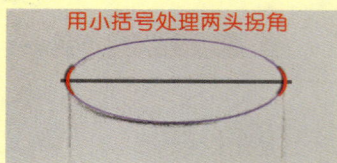

图1-25

3. 六面体的结构变形图例

六面体是所有造型的基础，日常所有造型基本上都是六面体变形而来的。单体几何造型的变化过程就是六面体不断切割的过程（见图1-26和图1-27）。一些几何组合体造型也是由各种单件造型组合变化而来（见图1-28），静物的变化过程也是六面体变形的过程（见图1-29）。我们一定要学会用六面体来分解物体造型，便于更好地掌握物体结构和透视。

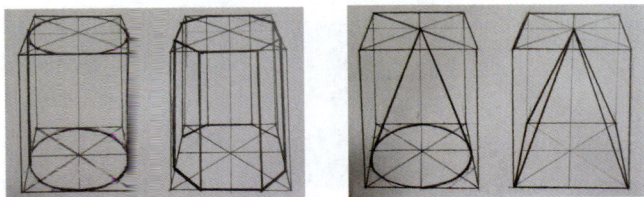

图1-26

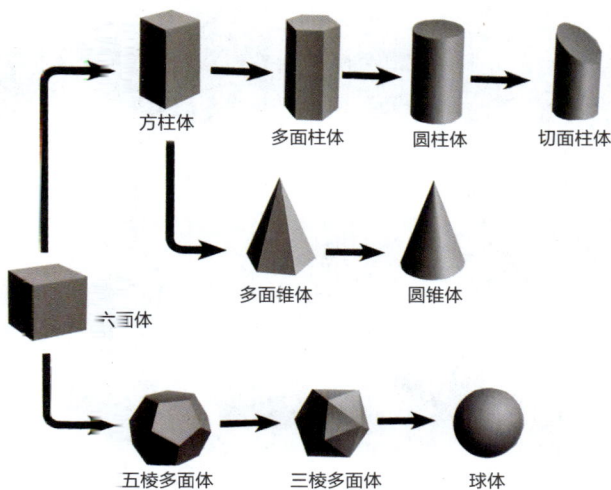

方柱体 → 多面柱体 → 圆柱体 → 切面柱体

多面锥体 → 圆锥体

六面体

五棱多面体 → 三棱多面体 → 球体

图1-27

圆锥贯穿结合体 = 圆柱体 + 圆锥体

方锥贯穿结合体 = 方柱体 + 方锥体

方柱贯穿结合体 = 方柱体 + 方柱体

图1-28

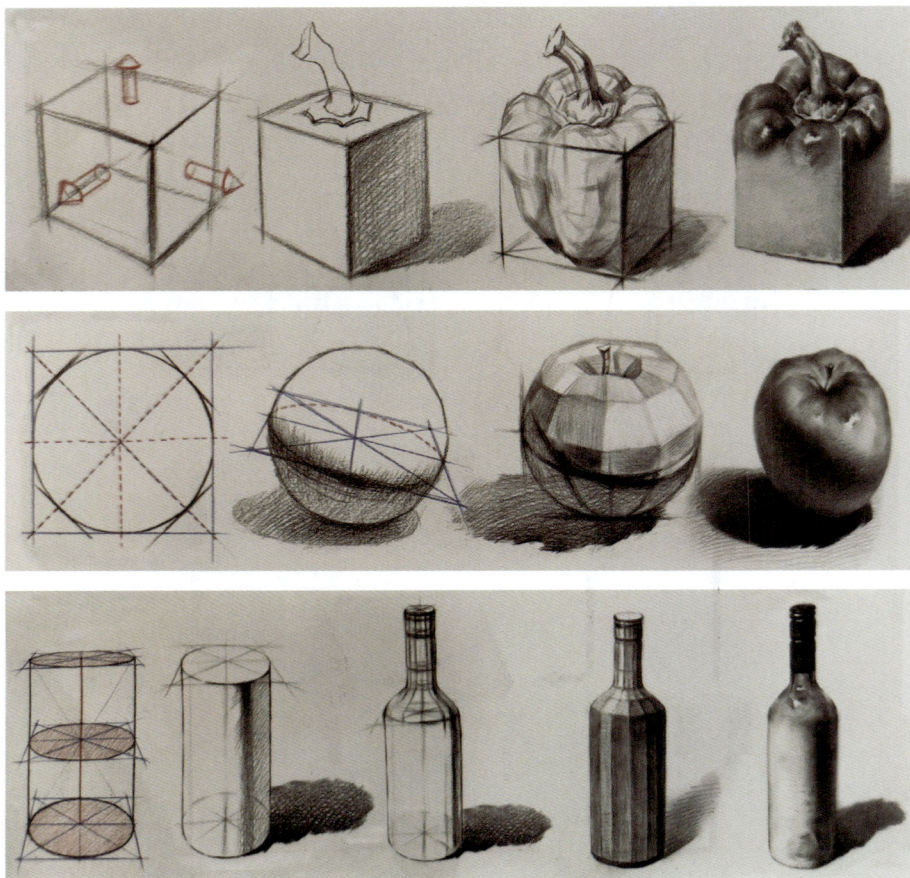

图1-29

> **小贴士**
>
> 　　石膏几何体是物体的造型基础，可以通过结构素描和明暗素描的不同表现手法体会物体结构的立体感和空间感。在掌握单个结构体画法的同时，可以尝试几何组合体的画法，体会更强烈的空间感。画几何组合体时，调子的处理更具有层次感，绘画技法也更有难度。

4. 结构素描作品欣赏

结构素描作品如图1-30所示。

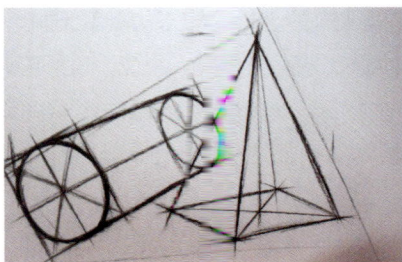

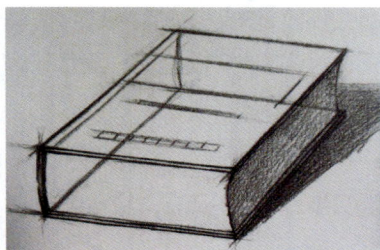

图1-30

二、明暗素描

1. 明暗素描的概念

明暗素描又称为调子素描，它通过调子的明暗变化来塑造形体，表现形体细腻的造型关系，强调一种立体感和物体的质量感（见图1-31）。明暗素描具体指的就是"三大面五调子"。

三大面：亮面（白），灰面（灰），暗面（黑）。五大调子：亮色调、中间色调、明暗交界线、反光、投影。其中，亮

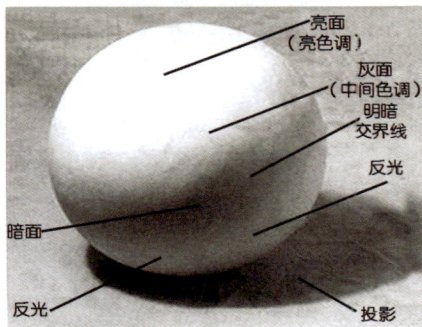

图1-31

色调和中间色调属于亮部，亮色调中的高光为最亮，明暗交界线（最暗）、反光投影（次暗）属于暗部。通常情况下，反光亮部不超过中间色调。

2. 明暗素描的画法

（1）六面体明暗素描的绘画步骤（见图1-32）

六面体明暗素描
的画法

第一步 观察构图。从整体至局部，全面感知物体的构成要素，在头脑中形成画面意象。画轮廓，在充分观察的基础上认真构图，以较快的速度准确画出物体位置和透视比例。

第二步 画明暗调子。在形体、结构确认的基础上，再次从最暗部画起，要求有较鲜明的明暗层次，要敢于肯定地画出明暗交界线、反光、投影的调子。

第三步 细部刻画。从深入刻画回到整体，调整画面的前后关系和空间的虚实强弱关系，要求形体充实，整体与局部统一。

第四步 调整完成。

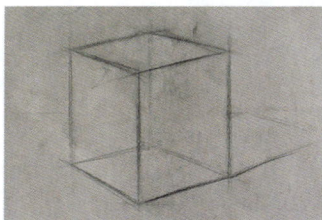

第一步

第二步

第三步

第四步

图1-32

（2）球体明暗素描的绘画步骤（见图1-33）

第一步 构图。

第二步 从明暗交界线入手，铺大色调（重点画明暗交界线、反光和投影）。

第三步 细部刻画，调整完成。

球体明暗素描
的画法

| 第一步 | 第二步 | 第三步 |

图1-33

要注意球体的明暗交界线虚实的变化，两端要虚，中间位置要画得实，切忌画得虚实一样，让球体失去体感和空间感。

（3）圆柱体明暗素描的绘画步骤（见图1-34）

第一步 构图。

第二步 从明暗交界线入手，铺大色调（重点画明暗交界线、反光和投影）。

第三步 细部刻画，调整完成。

圆柱体明暗素描
的画法

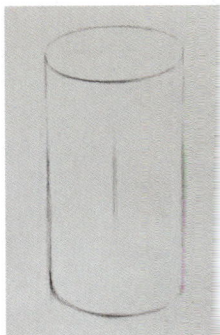 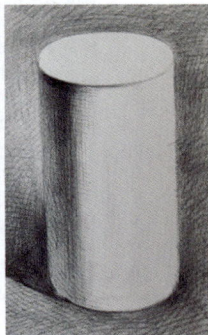 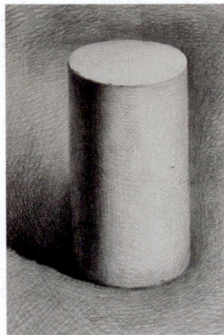

| 第一步 | 第二步 | 第三步 |

图1-34

（4）几何组合体明暗素描的绘画步骤（见图1-35）

第一步 构图，铺大色调（重点画明暗交界线、反光和投影）。

第二步 细部刻画，调整完成。

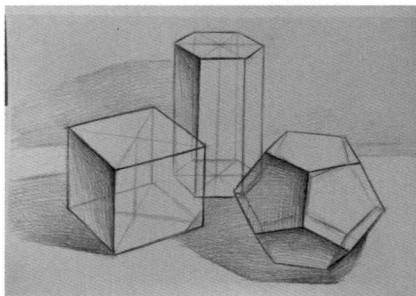 

第一步　　　　　　　　　　　　　　第二步

图1-35

3. 明暗素描作品欣赏

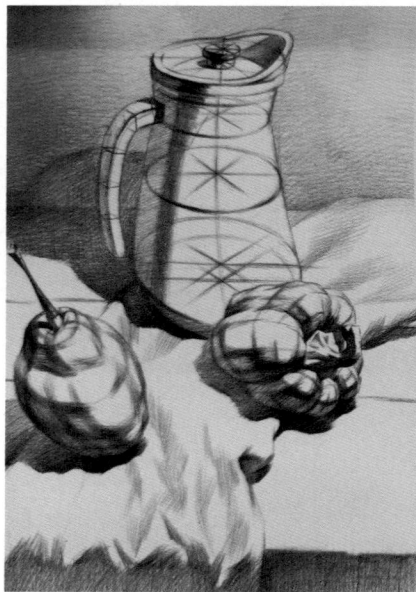 

练练看

1. 请完成六面体、球体和圆柱体的结构素描。

2. 请完成六面体、球体和圆柱体的明暗素描。

3. 试画画一幅几何组合体的明暗素描。

第四节

素描中"方体"和"圆体"透视在简笔画中的运用

　　素描中的"方体"主要指的是六面体，"圆体"多指的是球体和圆柱体。世界上各种各样的物体形状基本上都离不开方体和圆体，在方圆的基础形体上还有很多不同的变化，从而塑造了世界上丰富的物体形态。本节主要讲解素描中方体和圆体透视在简笔画中的运用。

一、六面体

（一）六面体属于最简单的方体

六面体是学前教育专业的老师实际授课中首先要讲解的造型基础部分，它在素描，尤其是透视中起着很关键的作用。在实际生活和绘画中，六面体的足迹是随处可见的，无论是简单的还是复杂的物体造型一般都会从最单一的六面体开始变化。

（二）六面体的变形

生活中的形状是千变万化的，我们要学会提炼出基本形状，这样可以保证在第一时间抓住形体结构，从复杂的物体造型中找出物体的骨架，从而准确地塑造物体。例如，盒子的形状、垃圾桶以及书的外形（见图1-36），我们可以直接概括其为六面体，然后再去刻画细节部分。然而，一些复杂物体，像水杯就需要从大形中提炼出方体的骨架，然后再进行重叠塑造。

图1-36

正确地认识六面体的变形，能够更加准确地概括出基本形体，以便准确地画出透视效果。复杂物体可以理解成不同大小的六面体在不同位置前后左右的组合，最终形成这个物体的效果。

另外，不光静物绘画的方法是这样的，人物绘画的方法也是如此（见图1-37）。我们从人体结构出发，概括出六面体的结构，可以更好地掌握人物绘画。

图1-37

人的身体可以概括成几个六面体的组合，头部看起来像比较圆的形体，在实际练习中可以概括成六面体。在分好正面、侧面的基础上再去画五官就显得更容易一些。简笔画人物的头部还可以概括成六面体（见图1-38），分出正侧面可以保证透视的准确性。

图1-38

在人物组合中（见图1-39），会用到不同的视角透视，在练习时一定要注意结构的塑造和透视的角度。在画人物之前最好先画出六面体的透视，然后再用曲线进行细节的描画，这样可以保证透视的准确性。

图1-39

二、球体

一直以来，我们在画透视图，甚至专业的绘画者在绘制透视图时，都会感到球体是比较难画的。所以在实际绘画中一定要掌握好球体的透视画法。虽然以后学前教育专业的学生接触大多数是简笔画，透视的要求也不像专业绘图那么严谨，但我们在认识球体的透视时一定要把握好方法和绘画的习惯，不要出现透视错误。

图1-40所示为球体上的经线和纬线，在画球体上的装饰线时，一定要根据经纬线来画才能画得准确。

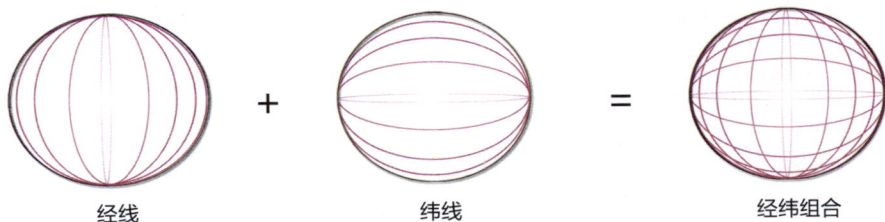

经线 + 纬线 = 经纬组合

图1-40

我们在实际绘画过程中常常会出现这种情况：能画出啤酒瓶或瓷罐，却画不好物体身上的花纹，尤其把握不好线的透视。直线由于空间和结构的变化会在画面中有所变化，本来的直线也会变成曲线，尤其是在球体上。这时，一定要根据球体的透视关系画出准确的线条。在实际练习中，卡通画有许多是平面的，我们可以通过单纯的模仿就画得比较好，但对于球体上的装饰线，光靠模仿是画不准确的，它需要透视知识作为支撑。

球体上的经纬线随视角的变化会出现不同的透视线条（见图1-41）。所以，球体上的装饰线条可以按照经线和纬线的路径，根据造型的需要画出来。例如，平时经常见到的西瓜、排球和伞上的花纹，就是具体的体现。在实际绘画中要特别注意经纬线由于视角的变化所带来的变化。

俯视 平视 仰视

图1-41

三、圆柱体

圆柱体在实际中的应用是非常普遍的，生活中标准的球体相对较少，更多的是椭球体和圆柱体的结合。在实际应用中一定要注意圆柱体的视角变化所带来的透视变化（见图1-42）。即使在素描中能画得准确，但在画简笔画时由于绘画内容和绘画手法的变化，对圆柱体透视的要求就往往不太重视了。圆柱体的上下两个面，离视点近的面的椭圆形会更扁一些，而离视点远的面的椭圆形会更圆一些。这是圆柱体在透视上的不同之处。以下是圆柱体的透视效果在实际中的应用（见图1-43）。

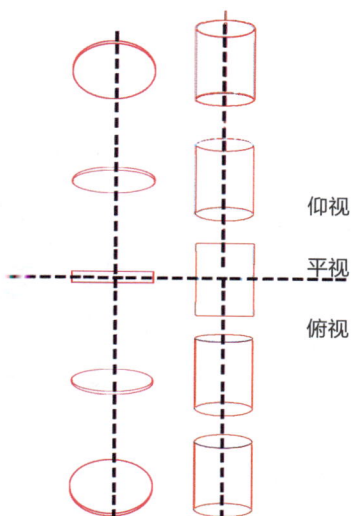

图1-42

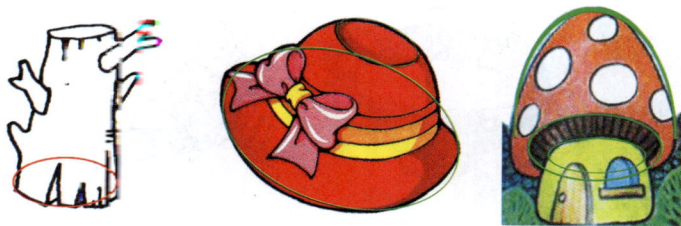

图1-43

四、球体上的线的透视分类

在透视中，线的分类有4种：辐射型、向心型、环绕型和平行型。

1. 辐射型

辐射型的线主要指的是从一个中心向周围发散，画这种类型的线时要注意前后左右空间感的塑造（见图1-44）。

图1-44

2. 向心型

向心型的线主要指的是在圆上从边向中心画的短线，如卷心菜叶子的叶脉及洋葱、鱼身上的花纹等（见图1-45）。

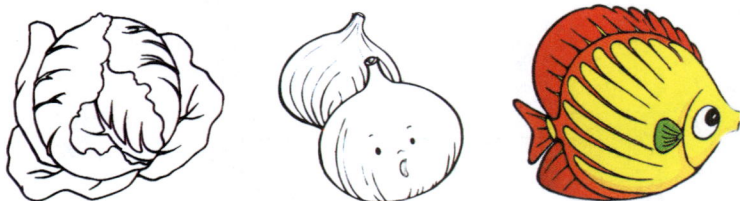

图1-45

3. 环绕型

环绕型的线要注意同心圆的画法，要根据结构有增减，画出准确的透视关系。花瓣上的纹理、球体上的条纹装饰和动物身体环节上的结构线都属于环绕型线（见图1-46）。

图1-46

4. 平行型

平行型的线在圆柱上用得比较多，如袖口上的褶皱线、动物爪子上的皱纹、萝卜上的纹理（见图1-47）。平行型的线的画法相对来说比较简单，但绘画人员一定要在保持线条平行的同时注意线条的疏密和相对小的透视效果。

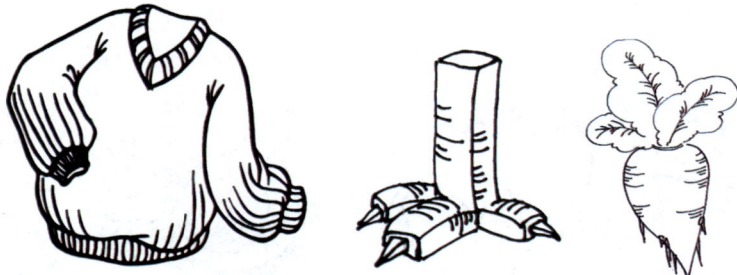

图1-47

线的透□在绘画中起着很重要的作用，而且画这部分时很容易出现各种错误。只有在理解体面结构的基础上才能真正理解线的透视。

练练看

1. 请□集一组生活中的物体的图片，用六面体组合描出其结构造型。
2. 用□的透视法找出伞骨的透视线。

第五节

素描调子在简笔画中的运用

素描的明暗调子是根据物体结构和明暗规律形成的一种表现手段。我们应该学习掌握好调子的画法，□将其运用到实际绘画中，从而表现出更好的立体效果。

学习素描最根本的□的是要能看懂别人的绘画作品，并从中提炼出造型方法，并用这种方法指导自己□临摹别人的作品，再用同样的方法完成自己的作品，最后通过自己的积累，提高□己的变化能力，最终具备创作的能力，让自己的所想变成纸上的绘画作品，通过□一种方式实现表达自己感情的目的。

一、工具

画简笔画的工具有□多，如彩铅、油画棒、粉笔、彩笔等。除了彩笔以外，其他的□都和素描的笔触十分相似，都可以画出渐变的效果（见图1-48）。在实际绘制简笔画的过程中要想画好色彩，必须先练好素描□暗调子的笔法（见图1-49）。

彩色渐变调子的画法

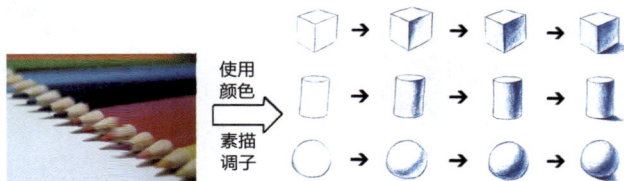

图1-48

图1-49

小贴士

　　彩铅的明暗调子画法与铅笔是一样的。可以根据"三大面五调子"的要求来画。另外，有些彩铅画可以省略反光等部分，并不全是按照素描调子的要求一成不变。

二、绘画方法

　　我们在画好基础造型的基础上，可以尝试用彩铅画单色素描，让结构和色彩很好地结合，也可以用油画棒画出素描的渐变。随着造型技法的提高，我们还可以尝试用变形加色彩的画法，在不规则的形状上用明暗调子的表现方法，让物体既具有明暗调子的体感，还具有丰富的颜色，最终实现"体"和"彩"的完美结合，避免只学到片面的素描表现方法。下面是几个彩铅素描的实例（见图1-50）。

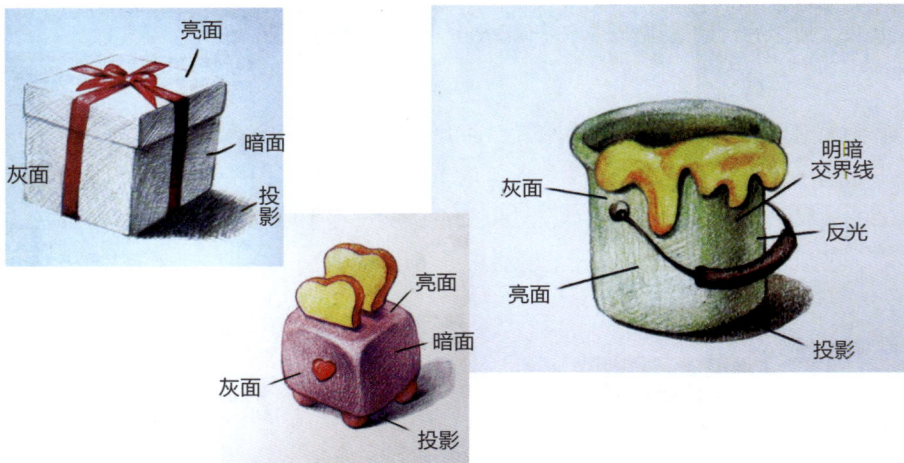

图1-50

1. 用彩铅画出杯子组合的明暗调子。

2. 用彩铅画出小蘑菇的明暗调子。

3. 试一试用彩铅画一幅明暗调子的风景画。

三、作品欣赏

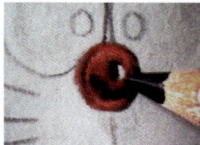

第六节

几何形在简笔画造型中的运用

一、几何形造型方法

几何形在日常生活中的应用非常广泛。如果把物体放在特殊的位置使之不产生任何空间透视关系，只把物体的几个切面的二维形状表现出来，就成为儿童简笔画的风格。在儿童初学绘画时，最开始练习的就是几何形。我们把一些简笔画中的形体逐一拆解开看看（见图1-51）。

图1-51

要学好简笔画，常用的一种方法就是几何组合法，可以说，各种造型都是由几何形组合而成的。

二、组合造型

我们将各种造型组合在一张大的画面上就是一幅风景画（见图1-52）。

图1-52

三、几种物品的造型过程

1. 杯子的造型

第一步　概括出杯子的外轮廓线（见图1-53）。

第二步　补充杯子的装饰花纹（见图1-54）。

第三步　涂上颜色（见图1-54）。

提炼出外轮廓线

简笔画

图1-53

图1-54

> 小贴士
>
> 　　儿童眼中的简笔画，特别注重几何化的平面造型，几乎没有透视关系。对于学前教育专业的学生来说，应该注重透视效果的塑造，为将来的简笔画创编打下基础。在提炼外轮廓线的过程中，要多观察物体结构中的六面体、圆柱体及透视线的变化。

2. 小猪的造型

先在脑中将小猪的基本造型概括出来，然后在纸上画出身体的大结构，接着在身体上补充小猪的耳朵、眼睛、鼻子、腿等细节，最后调整涂色（见图1-55）。

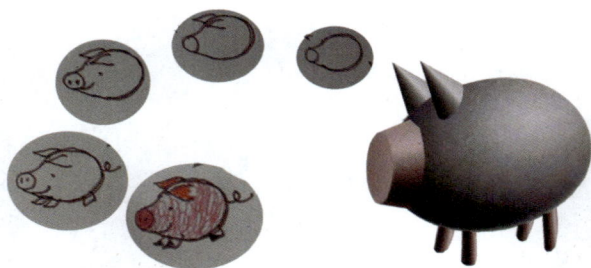

图1-55

3. 雪人的造型

先将雪人的基本造型在脑中提炼出来，然后在纸上画出所有提炼出的细节，注意眼睛和鼻子在头部的透视位置，以及扣子在身体上的透视位置，最后调整涂色（见图1-56）。

提炼几何图形 → 涂色 →

图1-56

> 小贴士
>
> 简笔画的绘画造型过程就是用几何形不断提炼的过程，为了准确地概括出物体的结构，可以采用"3W"法——What（什么几何形）、Where（什么位置）、Width（什么宽度），不断在脑中思考物体各部分大体可以概括成什么样的几何形，需要画在什么位置，大概的宽度是多少。让"3W"形成网格化的定形方法，提升结构造型的准确性。

在画各种各样造型的水果时也要注意其基本形体结构（见图1-57），即使是不规则的造型也会有规律存在其中。只有真正掌握其结构，才能画准、画好。

图1-57

四、几何形体造型欣赏

1. 请选用一个生活中的物体，通过概括外轮廓线画出其结构造型。

2. 运用"3W"法画一个单体物象，在画的过程中多观察造型、位置和比例的关系。

拓展提升

第二章　简笔画

　　简笔画是学前教育专业美术课必不可少的内容之一，它在幼儿教学中发挥着非常重要的作用。教师运于简单的造型、简洁的色彩和简略的表现方式画出不同物象的特征，应用于多种学习的教学。寥寥数笔的简笔画有时候胜过教师千言万语的讲解。因此，要成为一名合格的幼儿教师，必须理解和掌握简笔画。

第一节
认识简笔画

一、简笔画的概念

　　简笔画就是用相对简单的笔法、色彩、造型表现形式、造型方法表现人物、动物、风景等物象的一种绘画形式。在幼儿教育教学工作中，教师通过浅显易懂、形象生动可爱的简笔画（见图2-1），可以将幼儿带入轻松、愉快、寓教于乐的教学氛围中，增强教学的趣味性，从而提高教学质量。

图2-1

二、简笔画的优势

　　简笔画适合幼儿学习。从生理上讲，幼儿的手部肌肉发育还不成熟，对画笔的控制能力较弱，所以无法用流畅、多样的线条画出较复杂的物象，简笔画的表现特点弥补了幼儿这一方面地不足；从心理上讲，幼儿对物象的认识较为肤浅。他们的观察能力和分析能力都处于初步形成阶段，简笔画比较容易让幼儿认识、理解和掌握物象。

简笔画的主要表现内容包括静物、植物（见图2-2）、动物（见图2-3）、人物（见图2-4）和风景等，本章重点讲解植物、动物和人物简笔画的画法。

图2-2 　　　　　　　　　　图2-3 　　　　　　　　　　图2-4

简笔画是一种简单的绘画表现方式，在绘画工具和表现方法上也是灵活多样的。绘制简笔画所用的材料和工具包括不同性质的笔、颜料、纸，以及在学校、幼儿园常用的黑板和粉笔。在表现方法上，既可以用单色进行勾画，也可以用多种色彩进行描绘。

三、简笔画的绘制工具

绘制简笔画的笔和颜料需要根据各种画笔的特点进行选择。常用的笔包括彩铅、彩绘棒、马克笔、软头水彩笔、色粉，如图2-5所示；常用的颜料包括水彩、水粉等；画纸可以根据画笔和画法的特点确定。

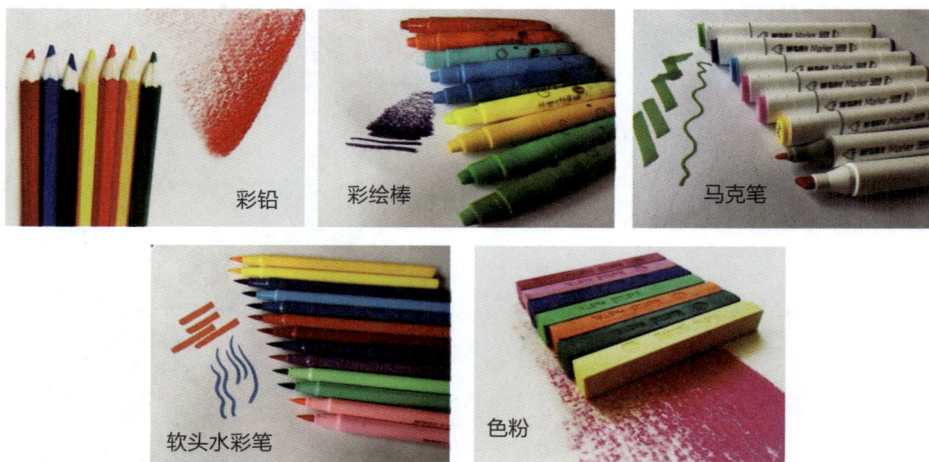

图2-5

四、简笔画的表现方法

简笔画的表现方法主要有三种：平涂画法、渐变画法和混合画法。

1. 平涂画法

平涂画法比较简单，它要求绘画者将颜色涂得比较均匀，即沿着同一个方向一笔接一笔地涂成色块（见图2-6），用力要均匀，初学者需反复练习。需要注意的是，平涂画法要依靠高光才能突出简笔画的层次，初学者应避免只追求平而让简笔画失去层次和光泽感，从而造成画面呆板、缺乏生机。

图2-6

2. 渐变画法

渐变画法主要是根据素描关系表达物象明暗关系的一种画法。绘画者使用的画笔主要包括彩铅、彩绘笔等，因为使用马克笔和彩笔无法画出渐变色。绘画者利用不同颜色的深浅变化，通过选择不同的颜色，描绘明暗效果。需要注意的是，采用渐变画法时，先选用深颜色涂出暗部颜色，再选用浅颜色画出灰部和亮部。另外，有些彩铅画可以省略反光部分，并不完全要求按照传统素描调子的画法一成不变。

在实际绘画的过程中，要想画好色彩，就必须练好素描明暗调子的笔法。随着造型的变化，我们还可以尝试用变形加色彩的画法，在不规则的形状上采用素描明暗调子的表现方法，让物象既具有明暗调子的体感，又具有丰富的颜色，最终实现体和彩的完美结合。

渐变画法涂色实例——以虾为例

先确定好虾的整体色调，选择红色和橘黄色的渐变涂身体，选择用蓝色涂眼睛。先将身体用红色扫底，然后把黄色涂在红色上画出渐变效果，最后补充眼睛等细节的颜色（见图2-7）。

图2-7

> **小贴士**
>
> 简笔画的表现方法可以根据不同的画面形式进行表现。采用渐变画法更能突出物体的层次感，具有素描调子的体感效果。

3. 混合画法

混合画法就是将前两种画法进行综合运用的一种画法，既有平涂画法的运用，又有渐变画法的运用（见图2-8）。在绘制过程中，绘画者会综合运用马克笔、彩铅和彩绘棒等绘画工具。

练练看

1. 请用渐变画法表现一个单独的简笔画形象。
2. 请尝试采用混合画法对简笔画作品的线稿进行涂色，感受不同画笔综合运用的绘画效果。

图2-8

第二节

植物简笔画

植物是简笔画造型中重要的表现内容，人们的生活中离不开花草树木的装点，也离不开餐桌上的瓜果蔬菜，植物简笔画是幼儿较早认识和熟悉植物的重要形式。

一、植物简笔画的表现内容

大自然中的植物种类繁多，植物简笔画的表现内容包括花草、树木、瓜果、蔬菜等。本节从幼儿园教学工作的实际需求出发，讲解植物简笔画的表现方法。

二、植物简笔画的表现方法

植物的种类繁多，形体结构也非常复杂，用简笔画的形式表现它们的时候，就必须对其进行简化和省略（见图2-9、图2-10），然后进行相应的夸张变形处理（见图2-11），最后赋予植物生命，采用拟人画法（见图2-12、图2-13）可以让简笔画更加生动。

图2-9

图2-10

图2-11

图2-12

图2-13

1. 简化

简化就是将物体原来复杂的形体结构进行简单处理，把形体几何化。

2. 省略

省略就是将物体中一些不太适宜用简笔画表现的内容和不美观但不影响形体结构的内容省略。

3. 夸张

夸张是指在表现物体的形体时对物体的形体特征进行夸大处理，如大的更大、小的更小、圆的更圆、长的更长等。这样可以使物体的特征在画面中更加鲜明、突出而富有更强的艺术感染力。

4. 拟人

拟人画法是一种常用手法。利用拟人画法是将静止的物体赋予动感，将没有表情的静止物体赋予喜、怒、哀、乐等情绪。总之，采用拟人画法就是将静止的物体人格化，这样可以使物体更加生动、可爱。

三、植物简笔画的表现技巧

植物是千姿百态的，其形体结构也有简有繁。因此，要想画好植物简笔画，就必须先对植物的形体结构进行分类和概括。圆形、椭圆形、扇形都是绘制植物简笔画时常用的形状，许多植物是球体或类似球体，在画的过程中一般都将其画成圆形或椭圆形（见图2-14）。

图2-14

1. 树的画法

（1）树的结构

树由树根、树干、树枝、树叶构成。在画树干时，要表现其挺直、延伸、粗壮的特点。画到树枝部分时，树枝应明显分开，树枝应细于树干，向上生长。运笔时要从下而上，向上的分枝越多，树枝就越密、越细、略带弯曲并有弹性。树枝因树种的不同，表现方法也有所不同。树有乔木和灌木之分，树叶有阔叶和针叶之分。中国画中有"山水不问树"之说，就是说，树就是树，不必追究画的是什么树。中国画如此，简笔画就更不用说了。但对于有明显特征的树还是需要区别的，如松树、柳树等。表现丛叶时，要抓大块，区分受光与背光；表现稀疏的树叶时，可用"双钩"或"点叶"的表现方式。另外，一定要注意前后左右的空间塑造，注重透视关系。描绘浓密的树丛时，要注意它们之间的前后层次、疏密关系，突出聚散穿插、近实远虚的变化。

（2）松树的绘画步骤（见图2-15）

第一步 用几何图形勾勒出松树的大体形状，注意前后松树的大小层次搭配。

第二步 根据需要画出松树的层次线，注意树干和梢头在垂直中线上。

第三步 根据层次透视线画出松树的轮廓，注意树层的曲线与透视线的一致性。

松树的画法

第四步　调整并涂色。注意前后松树的色彩关系。

第一步　　　　　　　第二步　　　　　　　第三步　　　　　　　第四步

图2-15

（3）树叶的排列方法

在绘画过程中，我们经常需要绘制树叶，多数情况下可以选用"人"字形（见图2-16）、"个"字形（见图2-17）和"介"字形（见图2-18）排列方式，这样画出的树叶可以达到层次分明、结构准确、疏密得当的效果。

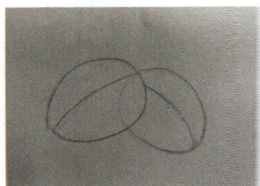

图2-16　　　　　　　图2-17　　　　　　　图2-18

树叶的绘画步骤如图2-19所示。

第一步　选用"介"字形的树叶排列方式。根据树干的需要确定两组树叶，注意树叶的层次感。

第二步　用油性笔勾线。

第三步　调整并涂色，注意树干和树叶的色调搭配。

树叶的画法

第一步　　　　　　　第二步　　　　　　　第三步

图2-19

2. 草的画法

草的基本结构比较简单，主要包括草叶和草根。草叶大体分为圆叶和尖叶两大类，因为草叶的形状不同，表现方法也不相同。如果草叶单独成形，就需要单个叶子表现；如果草叶相连成片，就可以忽略单独的草叶，用大块的颜色来表现整体的明暗关系。

草的绘画步骤如图2-20所示。

草的画法

第一步　画出石头的位置，用曲线确定两片草叶的位置，注意草叶的根部与石头的底部要统一，避免让人产生小草长在石头上的错觉，要保证小草从石头后面的土里生长出来。

第二步　确定细节，注意叶子外衣的方向，叶子的凸起都要朝上，保持统一。

第三步　用油性笔勾线。

第四步　调整并涂色。

第一步　　　　　第二步　　　　　第三步　　　　　第四步

图2-20

3. 花的画法

花的基本结构可以分为花蕊、花蒂、枝和叶。描绘花主要是通过写生，在观察、分析和比较中研究它们的生长规律，掌握各种花的外形和结构特征。花的形状有球形、半球形、蝶形、喇叭形等，球形的花包括绣球、大丽花等；半球形的花包括菊花、牡丹等；蝶形的花包括金盏菊、向日葵等；喇叭形的花包括牵牛、马蹄莲、泡桐花等。因此，无论画何种花，都离不开圆形、椭圆形，在画好圆形或球形的外形后，根据每种花各自的特点，高度概括地画出花瓣，再配上叶子即可。

绘画时，要从大的形体着手，先画出花的基本轮廓，再塑造它的细节。画花朵时要注意表现含苞、待放、盛开的区别；画叶时要注意表现正反、转侧、遮盖的区别。在具体绘画过程中还可以根据需要，主观、自由地运用点、线、面进行装饰，使其更加生动形象。

小贴士

在绘制植物简笔画时，一般都把形体结构概括成基本的几何形，如长方形、圆形、椭圆形、三角形、梯形等，或看成近似于这些形状的图形，以便于掌握植物造型的准确性。

（1）小野花的绘画步骤（见图2-21）

第一步 用几何图形画出花的大体结构，注意花朵的方向。

第二步 从花的水平中线上部确定花蕊的位置，分出花瓣的数量（注意近大远小），并确定叶子的中心线位置。

第三步 根据自己的喜好画出花瓣的具体形状，根据叶子的中心线画出叶子，完成基本造型。

第四步 调整并涂色。

小野花的画法

第一步

第二步

第三步

第四步

图2-21

（2）单个牵牛花的绘画步骤（见图2-22）

第一步 用几何图形画出花的大体结构，注意花朵的方向。

第二步 从花的水平中线上部确定出花蕊的位置，分出花瓣的数量（注意近大远小），并确定叶子的中心线位置。

第三步 根据自己的喜好画出花瓣的具体形状，根据叶子的中心线画出叶子，完成基本造型。

第四步 调整并涂色。

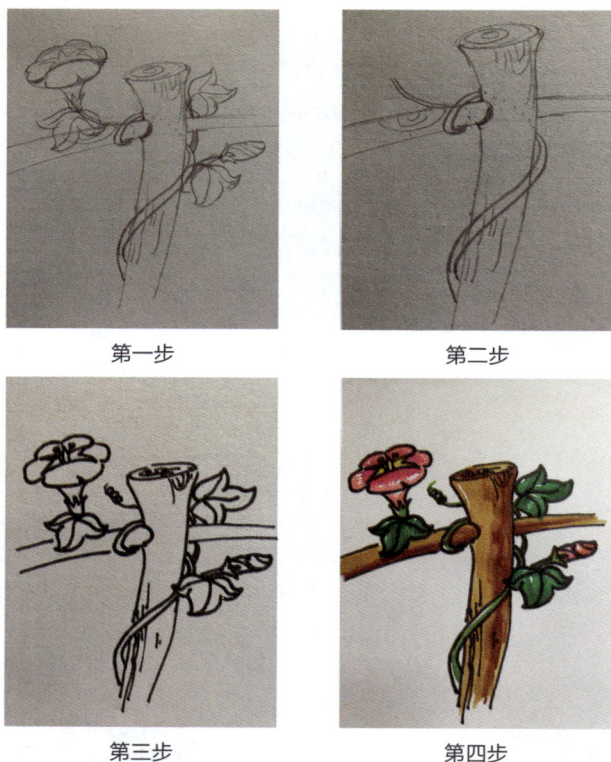

第一步

第二步

第三步

第四步

图2-22

4. 蘑菇的绘画步骤

在绘制蘑菇时要注意蘑菇头部的视角，区分平视、仰视和俯视（见图2-23）。平视和仰视蘑菇时，要注意蘑菇褶皱的透视关系。

蘑菇的画法

平视

仰视

俯视

图2-23

蘑菇组合的绘画步骤如图2-24所示。

第一步 先用几何形勾勒出蘑菇的大体造型，注意蘑菇之间的前后遮挡关系。

第二步 画出蘑菇和背景的细节。

第三步 用油性笔勾线。

第四步 调整并添色。

第一步

第二步

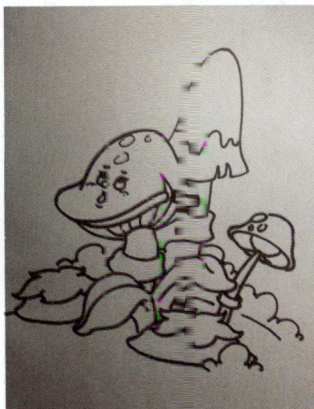
第三步

第四步

图2-24

5. 萝卜的绘画步骤

萝卜的绘画步骤如图2-25所示。

第一步 先用三角形勾勒出萝卜的大体造型，叶子用单线标出位置和大小比例。

萝卜的画法

第二步 画出萝卜的细节。

第三步 用油性笔勾线。

第四步 调整并涂色。

第一步

第二步

第三步

第四步

图2-25

练练看

1. 运用仰视、平视和俯视三种不同的视角画一组蘑菇简笔画，表现蘑菇的不同透视视角和层次感。

2. 将两种以上植物进行组合，并完成一幅植物简笔画。

四、植物简笔画欣赏

黄瓜

丝瓜

茄子宝宝

玉米熟了

2

第二章 简笔画

幼师美术

（第3版 全彩微课版）

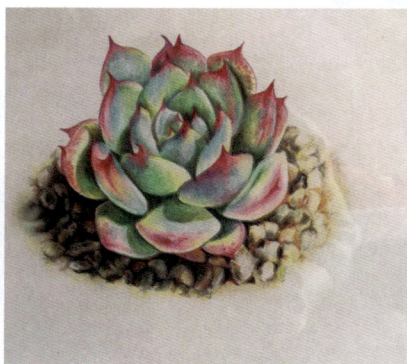

第三节

动物简笔画

幼儿喜欢动物，喜欢去动物园游玩，爱听动物童话故事，爱看、爱画动物简笔画。动物简笔画在幼儿园日常教育活动中的应用也很广泛。因此，幼儿教师掌握动物简笔画的绘画技巧是非常重要的。动物简笔画是简笔画中非常重要的组成部分。所有动物形象都源于简单的基础形状，在这些形状的基础上进行添画，描绘细小的部位，然后把辅助线擦掉，一个动物形象就画好了。对于有些动物形象，我们可以先画好头，后画身体，从上到下分步描绘。画动物简笔画时，可以结合动物本身的特点，赋予它某种人类特征，采用拟人化可以使动物更具有魅力和生命力。

一、动物简笔画的表现内容

动物简笔画的表现内容非常丰富，自然界中的动物大体可以分为爬行类动物、飞禽类动物、昆虫类动物和海洋类动物等。由于动物种类繁多，我们没必要在分类上做深入的研究，可以探索从简单的结构出发，研究同类结构动物之间绘画技法的相同之处，从而提升绘画的基本功。

二、动物简笔画的表现方法

1. 简化画法

简化画法就是省略一些次要的细节，保留动物的主要形态和特征，简化画法虽然使动物的画法简化了，但动物的形态特征并没有受到影响，反而更加简单、明确（见图2-26）。

图2-26

2. 概括画法

概括画法是将动物的形态特征，运用基本形进行概括，如圆形、三角形、椭圆形等。采用概括画法可降低绘制动物简笔画的难度，更快、更准地把握动物的形态特征（见图2-27）。

大蜻蜓的夸张画法

图2-27

3. 夸张画法

夸张画法是指夸张表现各类动物的形态特征，如胖的更胖，长的更长，机灵的更机灵，笨拙的更笨拙等（见图2-28）。

图2-28

4. 拟人画法

拟人画法是指将动物的动态、表情等进行拟人化的处理，使其具有与人相近的特征，从而使动物形象更加生动、有趣。例如，对于四条腿的小羊，我们通过拟人化的处理，让它站立起来，前腿当作手臂，后腿当作腿，使小羊的表情更可爱、更有亲和力（见图2-29）。

图2-29

采用拟人画法绘制动物简笔画时，禽类动物以翅膀为两臂；多足昆虫根据需要，可以以两足为上肢，再足为下肢，其余部位可忽略不画。

三、动物简笔画的绘画技法

本节重点从各类动物的整体结构造型出发，抛开动物自身的分类，运用字体结构分析动物的身体结构。动物简笔画的绘画技巧非常多，但整体有一个大概的步骤。

第一种比较常用的是将动物形象概括成一个大的基本形，在基本形上添加局部特征。例如，画一头猪，将猪胖胖的躯体概括成椭圆形，然后再进行刻画。绘制过程中，要注意整体与局部的比例关系，要把握准确。在绘制动物简笔画的过程中要善于归纳动物形体结构中基本形的连接画法与规律。

第二种是基本形的组合。许多动物的形体结构都是由两个或两个以上的基本形组合而成的，抓住这种基本形的组合关系，有助于掌握动物简笔画的画法，提升简笔动物画的造型能力。

下面就介绍几种动物的造型方法与绘画步骤。

1. 全包围身体结构——以刺猬为例

刺猬的绘画步骤如图2-30所示。

第一步 先画一个大的圆形作为刺猬的身体，根据刺猬的朝向画出其面部的结构中线，注意弧度。在结构中线位置用两个圆形勾勒出刺猬的头部和肚子，注意身体的中线要和头部、肚子达成一致。

刺猬的画法

第二步 在基本结构线上画出刺猬的具体细节，注意刺猬的刺一定要在圆形的结构线上进行绘制。

第三步 用勾线笔描边，注意重叠部分只描可见线。

第四步 根据画面需要进行涂色，注意重点部分的渐变效果。

| 第一步 | 第二步 | 第三步 | 第四步 |

图2-30

对于全包围身体结构的动物来说，一定是先画出大体几何形，然后在几何形上进行细节的描画，避免有些结构没有被画在身体结构上，造成结构不准确。

2. 半包围结构——以蜗牛为例

蜗牛的绘画步骤如图2-31所示。

第一步　先用大小不等的圆形勾勒出蜗牛身体的大体造型，画半包围结构的动物要重点注意左右两部分的位置要合适，对于蜗牛的头和壳的重叠部分必须做好预设，避免后期的重新定位。

蜗牛的画法

第二步　根据基本结构线画出蜗牛的具体细节，重点注意蜗牛头部和壳的重叠部分，保留可见部分即可。

第三步　用勾线笔描边，注意重叠部分只描可见线。

第四步　根据画面需要进行涂色，注意蜗牛壳的渐变效果。

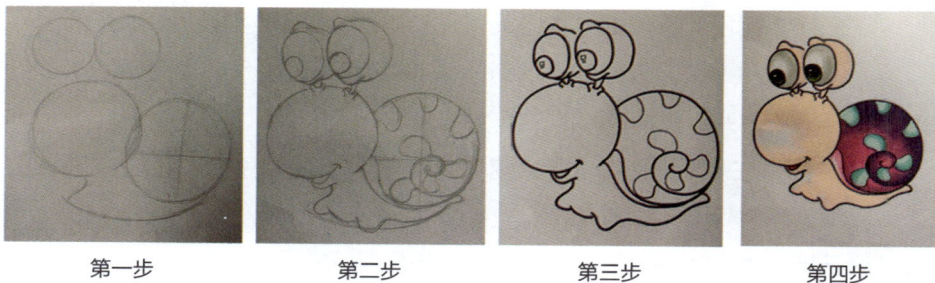

第一步　　　　第二步　　　　第三步　　　　第四步

图2-31

绘画半包围结构的动物简笔画时，要注意左右结构之间的遮挡关系，注重结构的连续性和延伸感。

3. 上下结构中的曲线造型——以哺乳动物老鼠为例

老鼠的绘画步骤如图2-32所示。

第一步 用大桃子形和小椭圆勾勒出老鼠的大体形状，并注意头部和身体的中心曲线。

第二步 从头部开始画出各个部位的大体造型，注意不要超出几何辅助线。

第三步 画出各个部位的细节部分，并补充老鼠攀爬的物体造型，也可以根据自己的喜好进行创作。

第四步 调整并涂色。

老鼠的画法

第一步　　　　第二步　　　　第三步　　　　第四步

图2-32

4. 上中下结构——以四足类动物小鹿为例

不同的四足类动物在生活习性和外形特征有很大的差别，只要我们在绘画时善于思考，主动分析它们的形体和运动规律，也可以找到很多相似之处。如马和驴，羊和鹿等，都可以用长方形、椭圆形来概括。四足类动物形象的差异主要体现在耳、颈、头、尾、四肢等细节的大小、粗细、长短上。很多动物的生长规律对我们把握其特征也有帮助。例如，很多耳朵长的兽类，尾巴也相对粗长，如松鼠、老鼠、狐狸等；草食类动物的四足多为蹄，肉食类动物的四足多为爪。绘画时要认真观察，掌握比例，并适度地夸张，更能突出动物的特征。采用拟人化的处理方式实质上是把动物人格化，赋予它们人的动作和表情，从而提高动物简笔画的表现力和趣味性。

小鹿的绘画步骤如图2-33所示。

第一步 用圆形和椭圆形勾勒出小鹿的大体形状，并特别注意头部、身体的倾斜角度和四条腿的位置、方向，确定腿近大远小的透视关系。

小鹿的画法

第二步 从小鹿的头部开始画出其各个部位的大体造型，并特别注意小鹿屁股部分曲线的塑造，以及身体与脖子的呈现角度。根据前后重叠关系描出可见线。

第三步 根据画面需要调整并涂色。

第一步　　　　　　　　　第二步　　　　　　　　　第三步

图2-33

5. 上中下结构——以禽类动物大白鹅为例

禽类动物的特征主要集中在翅膀上，有的禽类动物的翅膀虽然不是用来飞翔的，但在绘画时还是要突出翅膀的特征，例如鸭子和大白鹅，除了面部五官有不同之外，在结构上，大白鹅的脖子更长一点，这种连接头部和身体的结构在造型上就会产生一定的难度。由于翅膀的造型特殊，无论是哪种禽类，都要保证翅膀和身体之间的位置、结构准确。

大白鹅的绘画步骤如图2-34所示。

第一步 用圆形、圆柱形和半圆形勾勒出大白鹅的大体结构，注意三者之间的比例和中间的连接关系。

第二步 根据大体结构画出大白鹅的细节，注意脖子和头部的关系及翅膀和身体的关系。

第三步 用油性笔勾线，并注意背景的层次感。

第四步 调整涂色。

第一步　　　　　　第二步　　　　　　第三步　　　　　　第四步

图2-34

画上中下结构的动物时，要注意动物的脖子起着连接作用，以及脖子和头、身体的左右位置及大小比例。初学者画大白鹅时，经常会画错大白鹅翅膀的位置：要注意两个翅膀中间是身体，脖子底部的线条位于身体线的前面，轮廓线的层次排列为前翅、脖子线、身体、后翅。

6. 左右结构——以禽类动物大公鸡为例

禽类动物的结构基本相似，都有头、颈、躯干、尾、翅膀和脚等部分，由于生活习性不同，不同禽类动物的体态特点会有一定的差异，认真观察和寻找外形特征上的变化规律是画好禽类的关键。例如，嘴巴长的禽类，其尾巴会相对长一些，如孔雀、公鸡等。

画禽类动物时，先用圆形或椭圆形概括出头部与躯干等部分，再添画翅膀、尾巴、腿和脚。因为禽类动物的身体基本都呈流线型，身体上长着丰满的羽毛，所以在认真观察的同时，要学会对同类造型进行对比和概括，借鉴相同，寻找变化。

大公鸡的绘画步骤如图2-35所示。

第一步　用大小不等的圆角三角形画出大公鸡的大体形状。注意头、身体和翅膀的角度。

第二步　从头部开始画出大公鸡的形状，注意按照几何辅助线的比例画出每个部位的细节。

第三步　补充毛三虫，用勾线笔整体描边，重叠部分描出可见线。

第四步　调整并涂色。

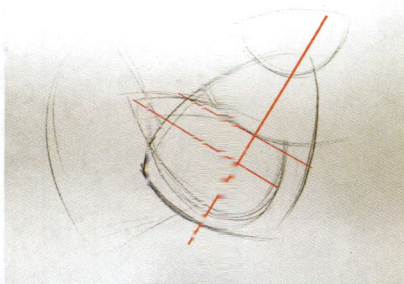 

第一步　　　　　　　　　　　　　第二步

图2-35

第三步

第四步

图2-35（续）

 练练看

1. 收集各种动物图片并进行结构分类，选出一幅分析其绘画步骤。

2. 运用正确的绘画步骤完成一幅动物简笔画作品。

四、动物简笔画欣赏

小奶牛

猴子吃桃

长颈鹿

蚂蚁搬家

海底世界

蝴蝶飞飞

小马

小蜜蜂采蜜

小老鼠吃包子

小鸭子

大熊猫

大公鸡喔喔叫

和平鸽

第四节

人物简笔画

　　人物简笔画在幼儿的教育教学中起着非常重要的作用，是幼儿园教师经常运用的画种，在简笔画的种类中属于较难的一种，也是幼师专业学生学习简笔画的薄弱环节。本章通过介绍人物简笔画的基本理论，讲解简单的表现方法，最终帮助幼师专业学生掌握人物简笔画的绘画技巧。

一、人物简笔画的基础知识

1. 人体比例

人体比例自古以来就有"站七、坐五、盘三半"的说法，绘画过程中，一般是以人头的尺寸作为参照来确定人的身高。成人身高一般是7个头长，而幼儿身高则不同。幼儿园中班、大班的儿童年龄一般为五六周岁，身高普遍是5个头长。为了更好地体现出儿童天真、活泼的造型，在绘画过程中需要对儿童人物各部位的比例适当夸张，一般站着的儿童人物的身高3个头长较为合适；坐着的儿童的身高以2.5个头长较为合适。有时候为了表现夸张效果也可以适当调整身体比例。

绘画时，根据人物姿态可以对比例进行省略和夸张。画真实人物形象时，身高一般是按6～7个头长来画的，但画人物简笔画时，身高一般是按3～4个头长来画的。画人物简笔画时，最好从画全身开始练习，可先用基本形概括其形体结构，再运用点、线、面等造型要素来描绘具体细节。

2. 五官的比例

除了人体的比例外，我们还需要了解头部及五官的特征，才能更好地表现人的性格和感情。

头部五官的比例有"三庭五眼"的说法，"三庭"是指从发际线到眉间为一庭，从眉间到鼻尖为一庭，从鼻尖到下巴为一庭。"五眼"是指从正前方观察面部，脸的宽度约为5个眼的宽度，两眼间距离为一眼的宽度，眼的左右两边至耳孔各为一眼的宽度，两眼各为一眼的宽度（见图2-36）。

儿童头部较圆，其五官比例与成人相比有明显区别。儿童头部大致分为上下两部分（见图2-37），五官集中，从眉毛至下巴分4等份，分别是眼、鼻、嘴的位置，儿童面部特征可以概括为：头大、额头大、眼睛大、鼻子小、耳朵小。

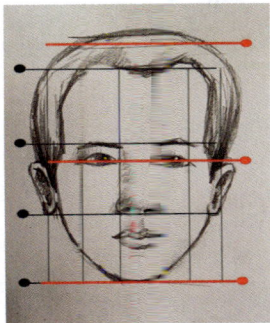

图2-36

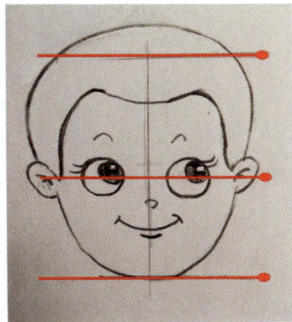

图2-37

3. 五官的透视

当头部侧向左、右，抬头、低头时，五官就产生了透视变化（见图2-38）。

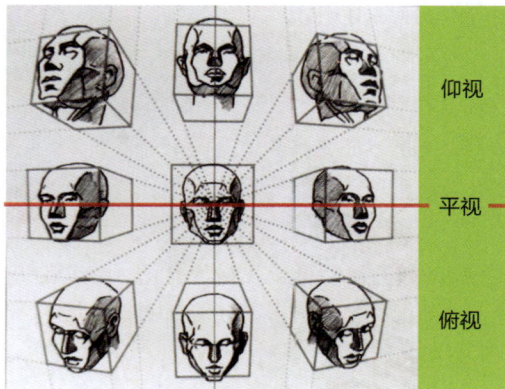

图2-38

人物的头部形状特征与人的头部骨骼肌肉结构、性别、年龄等因素有关。人物面部特征可以以字形归纳为"申、甲、由、田、目、用、国"。我们在绘制人物简笔画的过程中，需要注意人物的头部透视。人物简笔画中的头部透视常用圆圈表示（见图2-39）。

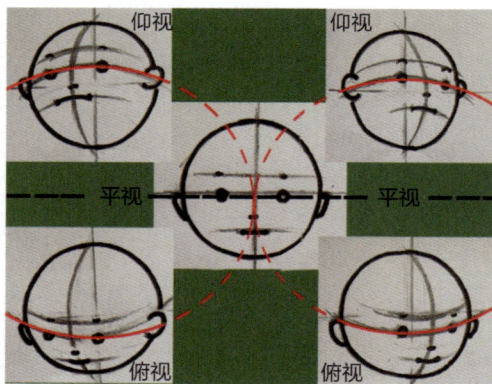

图2-39

根据人物发型在外观上的不同表现，我们不但可以区分男、女、老、少，还可以表现人物性格的差异。所以适当绘制各种夸张发型，对于表现人物的个性也是非常必要的（见图2-40）。

与发型相对应的还有胡须和皱纹，在人物简笔画中，胡须也直接影响着人物的性格特征。皱纹对于老人的造型非常重要，也是人物老龄化的重要标志。在绘制人物简笔画时，注意细节的塑造更有利于生动地表现人物。绘画时要注意胡须的生长位置，避免胡须超过鼻翼（见图2-41）。皱纹主要包括抬头纹、鱼尾纹、法令纹、眼袋纹、唇纹和鼻梁纹（见图2-42）。我们在日常绘画中运用的较多的是抬头纹、鱼尾纹和法令纹。抬头纹不要画得太整齐，保持左右伸展，上下位置范围不要太高。鱼尾纹要呈现从内向外发散状，注意眼角肌肉的生长方向。法令纹是从鼻翼沿着嘴角外侧向内延，要注意线条两头轻中间重，表现出皱纹的深浅变化。

皱纹的画法

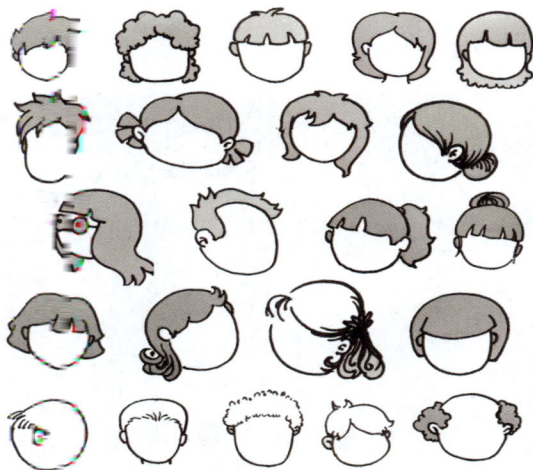

图2-40

图2-41

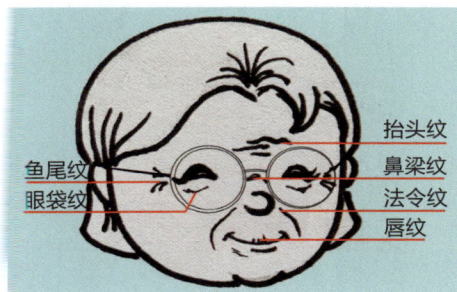

图2-42

4. 面部的表情

人物的表情主要是通过面部流露出来的，丰富的面部表情传递着人类微妙的情感，情感的表现来自于面部表情的生动变化。人的几种面部表情可以用顺口溜的形式表示（见图2-43）。

笑：眉开眼弯嘴上翘

哭：落口垂眼眉下吊

怒：咬牙瞪眼眉上竖

愁：垂眼落口皱眉头

图2-43

5. 人体动态和重心

人体的脊柱线连接头部、胸部、骨盆，是人体动态变化的主要支柱。在画人物简笔画时一定要注意稳住动态线的重心（见图2-44），否则会出现人物倾倒的不良效果。

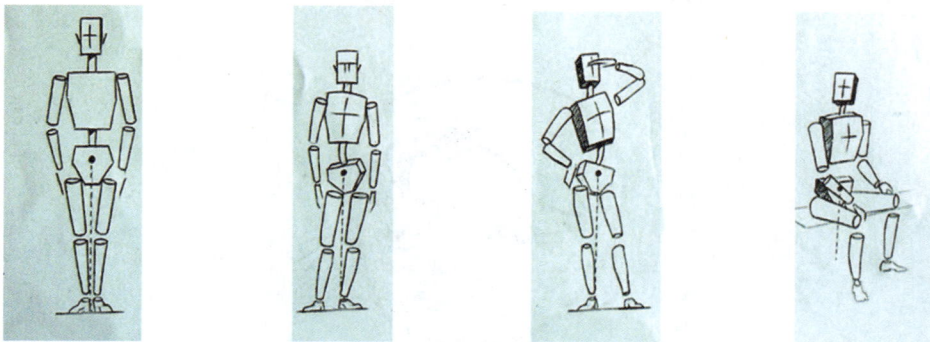

图2-44

> **小贴士**
>
> 人体的动态和重心在人物造型中起着很重要的作用，简笔画人物的动态并没有特别夸张，但绘画者一定要练好人体动态的绘画基础，以便将来进行动态创编。

在绘制人物简笔画时，首先应概括地画出人物的主要比例结构，然后根据需要在概括的几何形体上画出人物的动态、表情。人物简笔画形象生动、性格鲜明，许多童话故事和连环画都选择简笔画这一显得格外活泼、有趣的表现形式（见图2-45）。

> **练练看**
>
> 1. 练习头部仰视、平视和俯视的结构线。
> 2. 绘制男女发型各一组。
> 3. 绘制简笔画人物高兴和生气时的表情。

图2-45

二、人物简笔画的表现方法

人物简笔画的表现方法主要包括概括省略画法和夸张、变形画法。

1. 概括省略画法

人物简笔画的实用性要求在塑造人物形象时，必须高度概括与省略，只保留人物的基本形体、动态、服饰。简笔画中的人物形象看起来简单，其实它是对人物形体特征的高度概括，省略了许多烦琐的部分。例如，用单线只勾画出人物的主要结构和动态特征，将四肢省略成单线，使所表现的人物形象简单明确（见图2-46）。

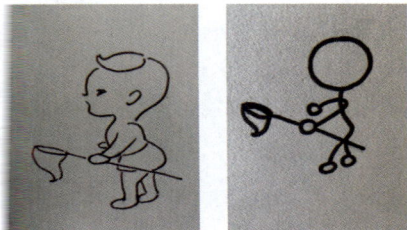

图2-46

2. 夸张、变形画法

夸张、变形画法是绘制人物简笔画时常用的技法，即对人物的形象特征进行适当的夸张，使之更加生动、有趣，特征更加鲜明。

（1）头部的夸张

画人物简笔画时，起笔要先从头部画起。前面已经介绍了头部外形、结构、五官的比例透视画法等，在本节中，主要是要将头部特征进行一定的夸张与变形处理，使笔下的人物更加生动（见图2-47）。

（2）形体的夸张

画人物简笔画时，要使人物形象生动、性格鲜明。儿童的形体结构简单明了，一般只需要夸张头部与身体的比例关系，儿童的特征就会很明显，其次是将儿童的手和腿画短些，儿童的特征就更加突出。在绘制人物简笔画时，故意夸大人物形体的某一部分，也会有特别的情趣（见图2-48）。

图2-47 图2-48

（3）表情的夸张

表现人物的喜、怒、哀、乐等表情时，要注重五官的绘制，如传神的眼睛，高兴时眉毛的上扬，忧郁时眉头的紧皱，哭时嘴的下弯。要想准确表现人物的情感，必须要恰当地表现出人物的表情。在人物简笔画中，夸张的表情有着极强的感染力（见图2-49、图2-50）。

图2-49 图2-50

3. 人物简笔画的绘画方法

人物简笔画是在概括人体结构、比例、特征等基础上进行归纳、省略、夸张、概括的，它将人体结构中头部、躯干、下肢、上肢都概括为特定的基本形，简化了人物的形象，降低了画人物的难度。例如，将头部概括成圆形或椭圆形，将躯干概括为圆形或梯形，将下肢、上肢概括为细长的线条或梯形。

（1）"火柴人"的结构

我们进行人物简笔画的训练可以从画"火柴人"开始。先用几何形画体块，用单线画骨骼线，在初学时要完成"火柴人"的各种结构造型练习（见图2-51），这是画好人物简笔画的基础。

火柴人的画法

图2-51

> **小贴士**
>
> 　　在绘制四肢结构的过程中，胳膊的动作大体分为"两上、两下或两平""一上一下""一折一曲""一平一曲"。腿的动态动作可分为"两直、两斜或两折""一直一斜""一直一折""一斜一折"等。
> 　　将胳膊和腿进行自由组合就可以实现人物动态的表现。

（2）火柴人造型"大变身"

　　将图2-51中"火柴人"的单线结构补充衣物等细节后，就完成了相应动作的人物造型（见图2-52）。

图2-52

> **小贴士**
>
> 在对"火柴人"的实际造型过程中，要注意胳膊和腿的透视关系及其服装饰纹的透视效果。

> **练练看**
>
> 1. 临摹一组火柴人动作结构图。
> 2. 运用胳膊和腿自由组合的方法设计一个舞蹈动作，并画出结构图。

三、人物简笔画中手足的变化

人物简笔画中还有一部分是最容易被忽视的，那就是手和足，其中画手最有难度，在绘画的过程中要掌握好规律，抓住结构的关键。

1. 手的变化

手的变化是将原有的复杂结构线进行高度概括，将所有的折线转化成曲线，当然，在绘画的时候也有规律可循，我们可以将手归纳为手掌和五指，五指在实际绘画中又可以分成大拇指和其他四指（见图2-53）。

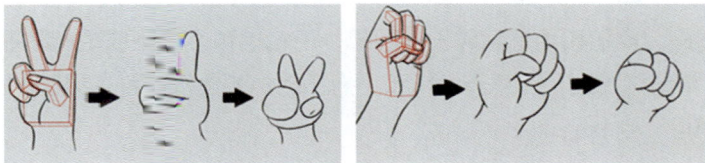

图2-53

2. 手部造型的绘画方法

本节用简单的包袱、拳头、剪刀手型来介绍手的绘画方法。手指直接用简化的形状表示，手掌用一个圆形表示。

将拳头的形状变短、变圆，手指的形状变短、变粗。将拳头的形状变成一个椭圆，手指也画得更加圆润。遇到手部拿东西的情况，先画手再补充东西。例如，手里拄着拐杖，手里拎着篮子，手里握着笔等，都是先画好手后再画道具。

（1）"包袱"手型画法

第一步 用圆形表示手掌的位置，用直线标出手指的大概位置。

"包袱"手型的
画法

第二步 在手掌的左侧画一个长椭圆形表示大拇指。

第三步 在大拇指的右侧依次画4个长短不同的手指，调整小指的方向和造型使手更加生动。

第四步 调整并画出伸开的手掌造型（见图2-54）。

（2）"拳头"手型的画法

第一步 用椭圆形表示手掌的位置，用直线标出手指的大概位置。

"拳头"手型的画法

第二步 在手掌的椭圆形的左侧画出大拇指，注意大拇指朝向内侧。

第三步 在大拇指的右侧依次画4个小椭圆形作为手指，注意4个椭圆形不要脱离手掌的圆形结构线，类似于一条曲线串起4个糖葫芦的造型，而且要相互遮挡，保证手指的透视关系（见图2-55）。

第四步 调整勾线。

（3）"剪刀"手型的画法

第一步 "剪刀"手型介于"拳头"和"包袱"之间。先用圆形画出手掌的位置，用直线标出手指的大概位置。

"剪刀"手型的画法

第二步 在手掌的左侧画一个椭圆形，注意方向朝内侧，这次需要压住手掌结构线的一小部分。

第三步 食指和中指画成长椭圆形，无名指和小指画成短椭圆形，贯穿于手掌结构线上，注意无名指和小拇指遮挡的透视关系（见图2-56）。

第四步 调整勾线。

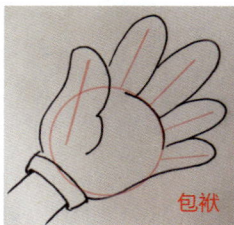

图2-54

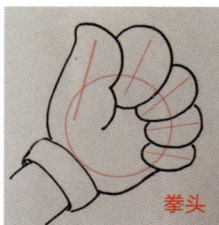

图2-55

图2-56

3. 脚的变化

脚在抬起的过程中，会变短、变圆，我们可以把脚的关节忽略掉。脚的形状变得更接近圆形，显得简单、可爱。脚在直立过程中，脚面会变短，脚趾会变圆，我们可以忽略脚踝关节（见图2-57）。在画脚时，通常会画上鞋表示脚的位置，但也需要掌握脚最简单的画法。

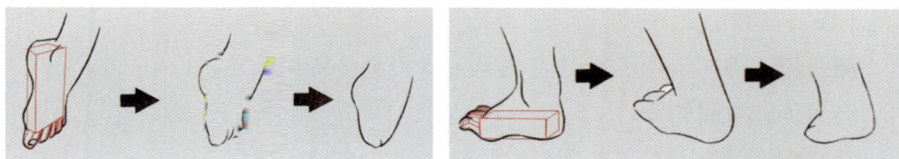

图2-57

小贴士

　　形体夸张一定要注意人体结构的准确性，可以用六面体组合法对人体进行结构造型，然后再进行夸张表现。

练练看　画出三种手部基本造型："剪刀""拳头""包袱"。

4. 人物简笔画的绘画案例

完成人物基础造型练习后，我们就可以进行实际人物动作的创编。

（1）小女孩的绘画步骤

第一步　用几何图形画出小女孩的大概身体结构，注意头部是仰视状态。

第二步　画出身体各个部位的细节。

第三步　用油性笔描线，注意画面的清洁。

第四步　调整并涂色，注意颜色的渐变，注意头发的明暗对比效果（见图2-58）。

小女孩的画法

第一步　　　　　第二步　　　　　第三步　　　　　第四步

图2-58

（2）小男孩的绘画步骤

第一步 用几何图形画出小男孩的大概身体结构，注意身体的弯曲动态。

第二步 画出身体各个部位的细节。

第三步 用油性笔描线，注意画面的清洁。

第四步 调整并涂色，注意颜色的渐变（见图2-59）。

小男孩的画法

第一步　　　第二步　　　第三步　　　第四步

图2-59

（3）老爷爷的绘画步骤

第一步 用几何图形画出老爷爷的大概身体结构，并注意身体各部位的比例。

第二步 画出身体每个部位的细节，注意胡子左右两部分的透视关系。

第三步 用油性笔描线，注意画面的清洁。

第四步 调整并涂色，注意颜色的渐变（见图2-60）。

老爷爷的画法

第一步　　　第二步　　　第三步　　　第四步

图2-60

（4）老奶奶的绘画步骤

第一步 用几何图形画出老奶奶的大概身体结构。

第二步　画出身位各个部位的细节，注意手和菜篮子的结构。

第三步　用油性笔描线，注意画面的清洁。

第四步　调整并涂色，注意颜色的渐变（见图2-61）。

老奶奶的画法

| 第一步 | 第二步 | 第三步 | 第四步 |

图2-61

练练看

1. 完成一个女孩的人物造型。
2. 完成一个老爷爷的人物造型。

四、人物简笔画欣赏

第五节

动漫人物的塑造

练习动漫人物的塑造对练习人物简笔画的塑造有一定的影响作用，本节将简单介绍动漫人物表情的绘制，便于大家从中提炼出对绘制人物简笔画有帮助的技能。

漫画人物的表情非常丰富，相对于人物简笔画来说，更具有感染力。漫画中人物的表情包括喜、怒、哀、惊等。同时，人物的表情还会体现在丰富的肢体语言上，我们通过观察人物五官的变化来学习如何绘制人物的表情。不同性格的人物在高兴时的表情也会有很多不同。

一、高兴时的表情

性格开朗的女孩高兴时的表情表现为嘴巴张开，嘴角明显上提，眉毛和眼角自然下垂（见图2-62）。不同性格的人物在高兴时的表情是不一样的。温柔型和可爱型的女孩相对俏皮型和阳光型的女孩，其表情要含蓄得多（见图2-63）。

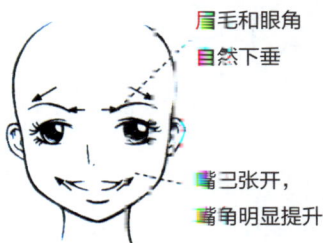

眉毛和眼角
自然下垂

嘴巴张开，
嘴角明显提升

图2-62

眼睛闭上呈弧线

图2-63

小贴士

漫画人物的表情比较丰富，对练习人物简笔画的表情有着很好的指导作用。绘画者在学习的过程中一定要注意五官的细微变化，通过综合练习，充分掌握其中的规律。

二、人物负面表情

通常情况下，漫画会用嘴巴张得很大、眼睛紧闭来表现人物愤怒的心情。温柔型和可爱型的女孩在生气时相对于俏皮型和阳光型的女孩来说，其表情特征更加缓和一些，而冷酷型的女孩生气时会给人气势逼人的感觉。

性格温柔的女孩在悲伤时表情较哀婉，给人一种心疼的感觉（见图2-64），而性格刚烈的女孩则表情较夸张。俏皮型和可爱型的女孩在惊讶的时候会张嘴大声喊叫。心怀诡计的表情在表现时也具有鲜明的特点（见图2-65）。

练练看

1. 用高兴的表情表现一个女孩形象。
2. 用负面的表情表现一个男孩形象。

闭起眼睛，
暗示心理活动

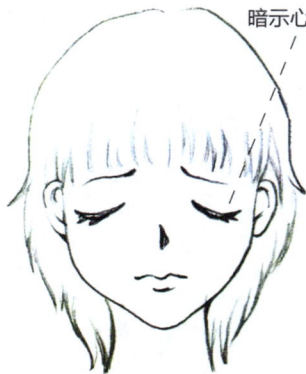

两眼睁开程度不
同，给人诡计多
端的感觉

嘴角微翘

图2-64   图2-65

三、动漫人物欣赏

第三章 手绘POP在幼儿园里的运用

POP（Point Of Purchase，购物点）以其鲜艳的颜色、具有亲和力的字体在商业中得到广泛的应用。在幼儿园环境创设中，POP也有广泛的应用。

第一节

POP

一、什么是POP

POP具有幽默、卡通、亲和力强、趣味性强等特点，让人在视觉上更容易接受，进而可以达到刺激消费的目的，因此颇受商家的喜爱。

二、POP的构成要素

POP的构成要素一般有主标题、副标题、插图、装饰框、说明文字（见图3-1）。

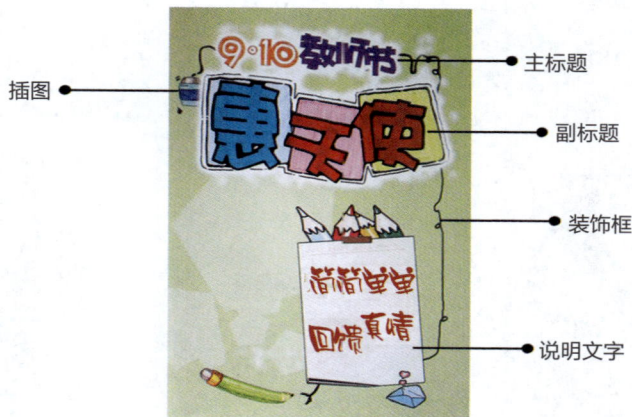

插图

主标题

副标题

装饰框

说明文字

图3-1

三、POP的种类

1. 校园类

校园类POP的文化气息比较浓，颜色和字体给人温馨、阳光的感觉（见图3-2），使同学们能提起兴趣，并营造一种朝气蓬勃的氛围。

2. 商业类

商业类POP的造型比较繁多，在开始策划时，策划者要根据不同的方向、类别、定位，让POP的版式、表现手法和颜色等显得和谐，真正做到所有表现内容符合策划目标，达到广而告之的目的，不仅要让受众产生好的反应，还要在文化宣传方面起到积极的作用（见图3-3）。

3. 餐饮类

餐饮类POP要求形式灵活，能吸引住顾客的眼睛，另外在颜色上也要更符合顾客的视觉需求，从而引起顾客的食欲，充分发挥广告的作用（见图3-4）。

图3-2　　　　　　　　图3-3　　　　　　　　图3-4

四、POP的笔画写法

绘制POP可以选择马克笔，也叫记号笔。

1. 用笔姿势

书写POP中的文字时，笔与纸面保持45°左右（见图3-5）。用笔姿势分为竖向用笔（见图3-6）与横向用笔（见图3-7），笔头要与纸面完全接触。

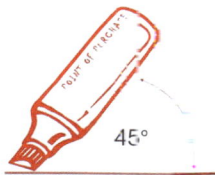

图3-5　　　　　　　　图3-6　　　　　　　　图3-7

> 小贴士
>
> 初学者在用马克笔写字时，较容易发生的问题莫过于无法摆脱"写"字的习惯，我们只有了解马克笔的特性才能真正学会用它写字。

2. 基本笔画

练习时，我们可以从基本笔画入手（见图3-8），注意书写时要把笔画写得平整、流畅。

> **练练看** 正确使用马克笔练习写直线、折线、曲线。

图3-8

第二节
POP字体的书写

POP字体根据表现形式可以分为正字和卡通字：结构严谨的正字常用于事业单位、政府等比较正式的环境中；动感十足的卡通字常用于比较轻松、自由的环境中。对于学前教育专业的学生来说，卡通字更适合幼儿园的环境。

从笔画上来看，POP字体都是横竖一样宽，但是为了增加趣味性，书写卡通字时可以将部分笔画进行延伸或缩减，使笔画充满字宽。另外，卡通字会把传统印刷字中原本弯曲的笔画尽量拉成直线或横线。要注意的是，我们在进行字体夸张设计时，一定要把握好字的重心及易读性。

一、比较3组字体

比较图3-9所示的3组字体，分别体会用不同书写方法写出的字的感觉。

A. 用平常写字方法所写的字。

B. 重新考虑笔画位置分布，把笔画拉直并做适度的延伸或缩减后所写的字。

C. 用马克笔书写的POP字体。

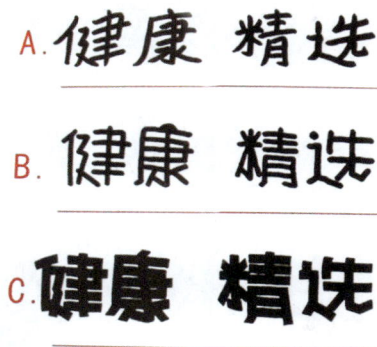

图3-9

二、字体组合方法

使用字体组合运写POP字体的步骤如图3-10所示。

第一步　根据架构将"情"字拆成3个字根。

第二步　找出这3个字根的马克笔写法。

第三步　将这3个字根根据原来的架构进行组合。

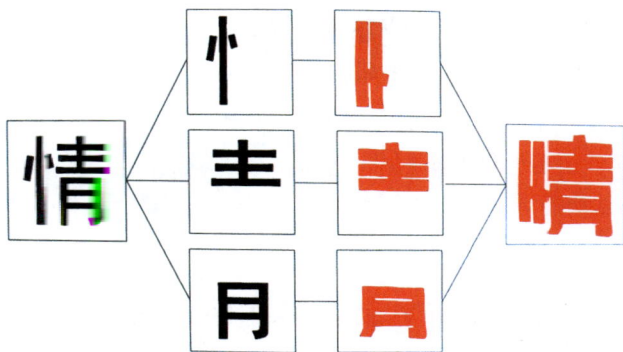

图3-10

三、POP字体与运笔基础

　　POP字体的运笔基础就是"米"字八方向，即上、下、左、右、左上、右上、左下、右下。书写POP字体时一定要做到横平竖直，运笔要稳，力道要匀，这样才能写出匀称、丰满、笔直的线条。写斜的笔画时也是如此，如果要画圆角，就要注意POP字体的笔画都要和它运笔的方向保持垂直。

　　例如，要写一个半弧，由于马克笔的笔头粗细不均匀，但要求这个半弧的每个切面都保持和笔头方向的垂直，这就要求在书写的过程中要随着弧的角度转动运笔方向。因为一般写POP的马克笔的笔头比较粗，所以在写一些圆角的时候，如果按以上要求来写，一笔写下来是比较难的，因此就要做笔画的接合（见图3-11）。写POP字体时运笔的关键是要使字体方正，笔画为直线条（即笔头多宽写出来的笔迹也就多宽）。

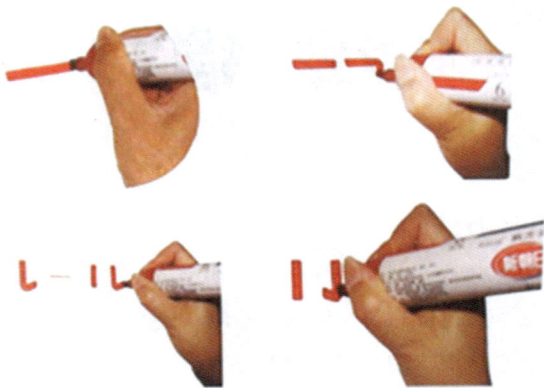

图3-11

四、书写POP字体时需注意的问题

（1）无论什么结构的字，起笔为横的，通常横往右下倾斜；最后一笔为横的，横一定要水平，如果最后一笔的横继续往右下倾斜，那么整个字将是倾倒的状态。起笔为左竖的字，运笔走向往右（见图3-12）。

（2）左右结构的字，一般都将偏旁部首写得小些；上下结构的字，一般都遵循上大下小的规律（见图3-13）。

图3-12

图3-13

（3）在带口字或带框的字中，需要把口或框写得夸张些，这样显得比较滑稽、可爱（见图3-14）。

图3-14

（4）书写半包围的字时，注意应调整宽松的笔画让字显得紧凑，此时可以采用笔画简短法，如"厂"旁一的撇，可以将它写成竖画且笔画不宜过长（短笔），这样字就显得比较紧密。可用此类写法的字还有反、病、包等（见图3-15）。

图3-15

> **小贴士**
>
> 卡通字和正字的笔画都是相同的，我们在正字的基础上变化笔画特征就可以得到卡通字。

（5）在书写提手旁的字时应注意，写提手旁时，横画往右下倾斜，竖画的起笔与落笔位置要超过横画与竖画交叉点的垂直线，最后的提笔稍往上。在写反犬旁的字时应注意，反犬旁起笔的撇要从左下往右上书写，竖钩与提手旁写法一致，最后一笔的撇从右上往左下书写（见图3-16）。

提手旁和反犬旁
的写法

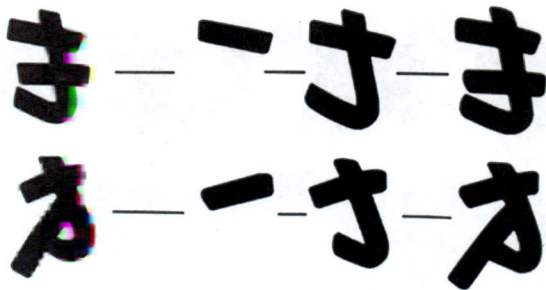

图3-16

在书写带有提手、反犬旁的字时，字的整体结构与左右结构的字保持一致，即将笔画少的偏旁结构写小，笔画多的结构写大。需要注意的是，笔画少的偏旁部首应与笔画多的结构中间对齐，不要浮上或沉下，以免产生头重脚轻的不均衡感。上下结构的字也可以表现出上大下小的特点。

五、文字装饰

单纯用笔写的POP文字有时会显得不够分量，尤其在手绘POP作品中会显得单薄，因此需要对文字进行装饰。

文字装饰的方法繁多，如何把文字处理得更显眼，更具有可看性，颜色的选择、装饰素材的应用相当重要。装饰不宜过重，须知装饰的作用只是提升作品的美观程度，装饰起到的是"绿叶衬红花"的效果（见图3-17）。

图3-17

装饰的方法如下。

1. 加框

加框是最常用的一种装饰方法，通常配合浅色字使用，具有修饰文字、使文字更加醒目的作用（见图3-18）。

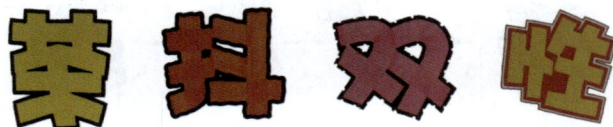

图3-18

2. 加中线

在POP字体的笔画中央描绘线条即为加中线，可用来绘制中线的线条素材相当多（见图3-19）。

图3-19

3. 加色块

色块具有活络文字、丰富文字的功能（见图3-20）。但在使用时，需要注意重叠色的改变。色块颜色不宜太深，否则会影响原文字的清晰度。

图3-20

4. 加小装饰

在文字中加一些小图案作装饰，会使文字产生包装纸的感觉，如星星、水滴、箭头、三角形等。小装饰可以以量取胜，可爱又不失大方（见图3-21）。

图3-21

5. 加质感

模仿实物质感所装饰的文字，会产生独特的效果（见图3-22）。我们可以尝试用马克笔表现实物的质感，虽然难度稍高，但"画字"的过程让人运用想象力，进而激发更多的灵感。

图3-22

6. 图文融合

将插图与文字融合是具有吸引力的设计方法，插图即文字、文字即插图。对于有些笔画过于繁复，或较难表现的文字，可以将简单造型的插图穿插其中，不但解决了描绘的困难，还达到了更好的效果（见图3-23）。

图3-23

7. 其他

文字的装饰方法五花八门，除了上述所提之外，立体字、投影字、胖胖字等都是相当特别的装饰方法（见图3-24）。

图3-24

小贴士

幼儿园里的文字都可以采用POP的形式进行装饰，让幼儿园里的字具有可爱、有亲和力的特点。随着文字装饰的更换，孩子更能体会到文字带来的魅力。

练练看

1. 使用马克笔书写"生日快乐"并进行加框装饰。
2. 使用图文融合法书写"节约用水""节日快乐"。

第三节

POP插图

使用POP插图装饰可以达到良好的视觉效果和宣传效果，尤其在幼儿园的环境创设中，POP插图可以起到事半功倍的效果。

一、POP插图的种类

POP插图的种类包括水果类、蔬菜类、器皿类、卡通类、生活服饰类等。

二、POP插图欣赏

练练看

1. 练习POP人物形象插图。
2. 练习POP动物形象插图。

第四节
POP在幼儿园环境中的运用

一、POP的优势

POP除了有节约成本、节省时间和代替售货员宣讲、提高企业形象的优势，还能使要宣传的内容具有亲和力和亲切感。

POP有"无声的售货员"和"最忠实的准销员"的美誉。在超市中，当消费者面对诸多商品无从下手时，摆放在商品周围的一幅幅手绘POP，忠实地、不断地向消费者提供商品信息，从而起到刺激消费者购买的作用。

二、POP在幼儿园里的应用

POP在幼儿园里也很受孩子和老师们的喜欢，尤其是POP鲜艳的色彩、灵活多变的造型、幽默夸张的图案，可以达到强烈的宣传效果，吸引孩子的视线，起到引领和动员的作用（见图3-25）。

三、手绘POP海报的制作原则

1. 单纯

POP海报中的形象和色彩必须简单明了（见图3-26）。

图3-25

图3-26

2. 统一

POP海报中的造型与色彩必须和谐，要做到统一协调。

3. 均衡

POP海报的整个画面要具有均衡感。

4. 重点突出

POP海报的构成要素必须简单清晰，挑选重点来表现。

5. 出奇创新

POP海报无论在形式上还是内容上都要出奇创新，让人产生惊喜感。

传统的图文搭配的主题墙与POP海报装饰的主题墙的风格有很大不同，图3-27所示为传统的图文搭配的主题墙，图3-28和图3-29所示为POP海报装饰的主题墙。

> **小贴士**
>
> POP字体一直坚持"图文合一"原则，更适合幼儿园的环境，更符合孩子们的审美。

图3-27

图3-28

图3-29

四、POP在幼儿园里的应用欣赏

使用POP字体和插图的组合设计"庆祝六·一儿童节"的舞台方案。

第四章　装饰色彩及其运用

从装饰美的语言再到形式美的法则，本章将为你开启一个想象的空间。学完本章，你将学会运用美丽的字体和活泼可爱的图形展示你的创意和审美。

第一节

色彩基础

一、色彩的物理特性

因为有了色彩，世界才会精彩纷呈；因为有了色彩，人类才会准确完整地感受这美妙的世界。幼儿教师学好这部分知识，对培养、训练幼儿对于五彩缤纷世界的敏锐的感知力非常重要。1666年，牛顿用三棱镜将太阳光分解成红、橙、黄、绿、青、蓝、紫7种单色光。物体之所以呈现出不同的色彩就是物体本身反射了光线中的某种单色光后作用于人眼的结果。

1. 色彩的分类

色彩分为原色、间色和复色。色彩中不能再分解的3个基本色，即红、黄、蓝被称为三原色。由两个原色混合而成的色彩称为间色（见图4-1）；由两个间色或3个原色混合而成的色彩称为复色。

2. 色彩的三要素

任何色彩都有它特定的色相、明度和纯度3个要素。

（1）色相。色相是色彩的相貌，是

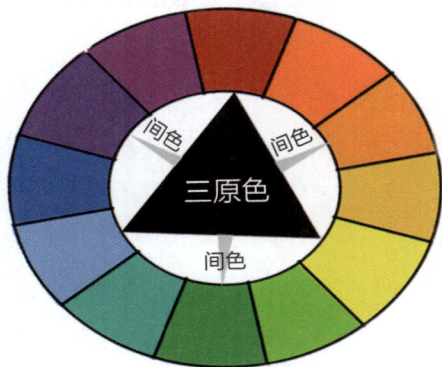

图4-1

为了分清色彩的种类而对各色相貌规定的名称，如红、黄、蓝、绿、青、紫等（见图4-2）。

（2）明度。明度是色彩的明暗深浅程度。无彩色中，明度最高的色彩是白色，明度最低的色彩是黑色；有彩色中，明度最高的色彩是黄色，明度最低的色彩是紫色（见图4-3）。总之，亮的色彩明度高，暗的色彩明度低。

图4-2

图4-3

（3）纯度。纯度指色彩灰的程度，色彩加进白色、黑色及复色时纯度会减弱（见图4-4），因而还有色彩的艳度、彩度、饱和度之说。

图4-4

> **小贴士**
>
> 熟练掌握色彩的三要素对以后掌握色调的变化将起到很重要的作用，所以不要求快，认真掌握明度和纯度的变化与应用是学习色彩的基础。

练练看

1. 画出12色相环。
2. 根据所学内容进行明度渐变练习和纯度渐变练习。

二、色彩的生理特性

1. 色彩的对比

把两个以上的色块放在一起比较其差别的过程称为色彩对比。运用色彩对比技巧是发挥色彩表现力的重要手段。色彩对比是可以感受的，如色相对比、明度对比、彩度对比等。不同的色彩之间都有对比，只是对比强度有差异而已。

以12色相环为例：某色与其相邻色可形成同类色或类似色，说明这两个色的对比很弱；两个色彩在色相环上相距90°以上，说明这两个色彩对比强，相距180°时色彩对比最强。三原色与其相距180°的色彩之间的关系又称为补色关系。不同类型的色彩对比运用如下所示。

（1）明度的对比（见图4-5）。

（2）纯度的对比（见图4-6）。

（3）冷暖的对比（见图4-7）。

（4）补色的对比（见图4-8）。

图4-5

图4-6

图4-7

图4-8

2. 色彩的调和

色彩的调和是指配色关系的和谐统一。初学画者喜欢全部用鲜亮的色彩画画，但画出的画不一定好看，画面往往支离破碎。色彩调和就是为了使有明显差别的色彩经过调整，构成和谐统一的整体，使色彩能够在画面中组成符合要求的色彩关系的过程。

色彩的调和有以下2种方式。

（1）同种色调和。同种色调和指同一色相下色彩只有明度与纯度的差别，如大红、深红、粉红相互配合，其表现效果为简洁、爽快、单纯（见图4-9）。

图4-9

（2）类似色调和。类似色调和指色彩柜似，均含有同一色相，性质或程度很接近的色彩相互配合，如柠檬黄、浅绿、深绿、淡蓝等（见图4-10）。

图4-10

> **小贴士**
>
> 色彩的调和要与色彩的对比结合使用，绘画者要根据所要达到的画面效果及想要表达的内容而定。另外还要注意，对色彩属性了解得是否深入将决定色彩运用的好坏。

3. 色彩的心理特性

色彩的心理特性即色彩的情感特性。色彩是客观存在的，色彩引起情来源于人们对大自然的印象、启示、感觉和心理联想。色彩在一定程度上可以左右人们的精神、气质和行动，如红、橙、黄色可以使人联想到阳光和火焰，让人产生温暖、兴奋、华丽、成熟、甜蜜的感觉（见图4-11），故这类色称为暖色；青、绿、紫色使人联想到大海、月

图4-11

夜、高山，给人以清冷之感，故这类色称为冷色。不同的色彩会使人产生不同的情绪反应，有的使人感到愉悦兴奋，有的使人感到忧伤消沉。

四季的景色以不同色彩刺激着人们，从而给人们留下深刻的印象，对于春、夏、秋、冬，文学家用文字写出它们的变化，音乐家用音符奏出大自然时序的演变，而画家则用色彩来描绘这些美丽的景象（见图4-12）。大自然一年四季的色彩是非常鲜明的，这种有规律的变化使人们的生活变得多姿多彩，绘画中也可以用色块高度概括四季的色彩。

图4-12

色彩的味觉感受也常常来自于人们对生活的体验，例如，看到绿色的橘子，黄绿色的柠檬，人们顿时会感到牙龈受到刺激，唾液充满口腔；如果看到牛奶变成了蓝色，人们就会拒绝喝它。色彩可以表现味觉的酸、甜、苦、辣，培养对色彩的直觉与

感觉对学习色彩的表达技巧至关重要。

色彩的心理特性一般表现在以下5个方面。

（1）卡通的色彩心理。

（2）色彩心理与年龄的关系。

（3）色彩心理与民族的关系。

（4）色彩心理与社会心理的关系。

（5）色彩心理的个人差异（偏爱）。

练练看

1. 用色彩的明度和冷暖做色彩对比练习。

2. 参照春、夏、秋、冬的色彩感觉，做与"春"相关颜色的色块练习。

第二节

装饰色彩的运用

装饰色彩指的是依照一定的主观情感需要，对自然色彩进行归纳、提炼、概括、夸张、变化而获得的色彩体系。

一、色调

色调，即画面色彩的倾向性，体现画面的色彩整体感。在画面中所占面积最多的某种色或某类色会形成大的色彩效果，如暖色调、冷色调、红色调、蓝色调等。相同或相近的色彩即使不属于同一块面积，也会因呼应而使画面色调显得统一（见图4-13）。

图4-13

二、色彩面积的对比作用

在绘画时，要合理安排好各种色彩在画面中所占的面积。当单位面积较大的对比色块并置时，会因彼此"个性"很强而显出刺激感。若将大面积分割为小面积，打散以后再重新组合，便会弱化原先的矛盾（见图4-14）。

图4-14

当某一色块面积很大，在画面上占了绝对优势时，可以点缀小面积的次对比色使画面醒目、生动又保持和谐。

> **小贴士**
>
> 所谓同种色的搭配，即在一种色彩中加入白色或黑色，使其形成不同明度的色彩，只有明度变化，没有色相变化。作这种类型的画时，注意色彩的明度不要过于接近，否则画面容易显得平淡，但明度也不要差距太大，否则对比会过于强烈。

三、常见的渐变关系

常见的渐变关系色彩运用示例如下。

（1）同种色彩分别加白色、黑色渐变（见图4-15）。

（2）两种色彩互相加渐变（见图4-16）。

（3）依色相环序多种色彩渐变（见图4-17）。

图4-15 　　　　　　图4-16 　　　　　　图4-17

四、图案的组织形式

图案的组织与构图形式与图案的用途有着密切的联系，但设计中又有较强的程式性。在设计时，设计者必须根据使用的目的，运用图案形式美的法则，既要适应材料与制作工艺条件，又要体现设计者的构思。图案的组织形式可分为单独纹样和连续纹样。

（一）单独纹样

单独纹样具有相对独立性，能单独用于装饰，成为形象完整的纹样。单独纹样一般分为自由式纹样（见图4-18）和适合式纹样（见图4-19）。

图4-18 　　　　　　　　　　　　　　图4-19

（二）连续纹样

连续纹样是相对于单独纹样而言的，它是单独纹样按照一定的格式重复排列而成的无限重复的纹样，具有秩序性与规律性的节奏美。连续纹样分为二方连续纹样（见图4-20）和四方连续纹样两类（见图4-21）。

> 小贴士
>
> 连续纹样可以根据幼儿园环境墙面的需要进行重复，作为墙面装饰使用。

图4-20

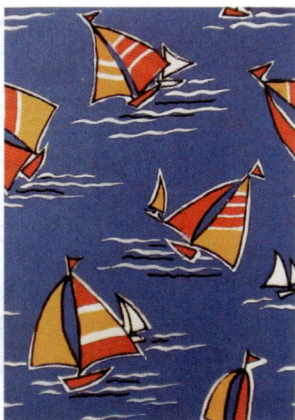

图4-21

五、纹样的绘画方法

1. 自由式纹样的画法

自由式纹样的绘画步骤如图4-22所示。

第一步 用几何图形组合完成的基本造型。以树为例，完成几种树的造型绘制。

第二步 将不同位置用同一种颜色涂上。

第三步 用第二种颜色进行着色。

第四步 用其他丰富的颜色完成造型，注意色彩的风格。这一步可以根据自己想要追求的风格决定色彩的协调或对比。

第一步

第二步

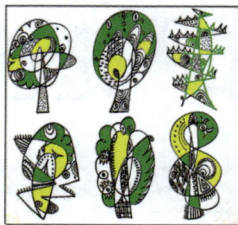
第三步

第四步

图4-22

2. 连续纹样的运用

幼儿园的环境比较活泼，绘画者可以根据具体的环境要求把纹样做一些变化应用在实际中，切忌把连续纹样不考虑实际环境氛围照搬。

六、命题式装饰纹样的画法

1. 命题式装饰纹样的绘画步骤

命题式装饰纹样的绘画步骤如图4-23所示。

第一步　设计草图。用铅笔将轮廓线勾出，确定好比例关系及动态效果。

第二步　描线。注意控制线条的流畅与粗细变化。

第三步　确定画面的整体色调，先大面积着色，再涂与之相应的颜色。

第一步　　　　　　第二步　　　　　　第三步

图4-23

2. 范例欣赏

儿童题材的装饰画如图4-24所示。

青年人题材的装饰画如图4-25所示。

老年人题材的装饰画如图4-26所示。

图4-24

图4-24（续）

图4-25

图4-26

练练看

1. 完成一幅动物主题的自由式纹样。

2. 运用二方连续纹样做一个幼儿园阅读区的墙饰。

3. 完成一幅儿童题材的装饰纹样。

七、装饰画作品欣赏

第三节

幼儿园环境创设

　　创设幼儿园的环境可以使幼儿园的环境特点更加鲜明。幼儿园的环境布置中墙饰很重要，墙饰在装饰、美化环境的同时也对幼儿起着教育、启迪的作用。幼儿园墙饰的设计与制作水平是体现幼儿园办园水平的标志之一（见图4-27）。

图4-27

　　幼儿园环境既包括室内又包括室外，其中院墙、大门、房屋外墙等属于室外；门厅、楼道、走廊、礼堂、活动室、餐厅、卧室及洗漱间等属于室内。

一、幼儿园环境创设的原则

1. 知识性与教育性

幼儿园墙饰要求通过直观、生动的形象展示，在潜移默化中加深幼儿对自然和社会的印象和理解；初知人类美好的品质等基本人文内涵；激发幼儿对尚未认识的世界的创造性思维等。

2. 美感与情趣性

幼儿园墙饰要以装饰设计原理为指导，渗透和强调积极的审美，让幼儿在欣赏墙饰的过程中受到美的熏陶。

幼儿园墙饰特别强调情趣性。选择幼儿喜闻乐见的动物形象进行创设时，设计者要采用拟人化的手法，让动物的形态稚拙、夸张，色彩鲜艳、明快，使用多样的绘制手法表现动物形象的情节性、趣味性，并呈现出较大的信息量，使墙饰成为幼儿爱看且耐看的"静态玩具"（见图4-28、图4-29）。

图4-28

图4-29

3. 内容的针对性

对于不同的场合要运用与之相适应的墙饰内容。

4. 幼儿的参与性

活动室等环境的墙饰设计可以预留适当的幼儿参与环节和空间，以激发幼儿的想象力、创作力，增加幼儿的自信心，同时又能培养幼儿创造美的热情和动手能力。如让幼儿用自己的手去压印树叶、剪贴雪花、做折纸小动物等。幼儿的参与加强了墙饰的展示和互动作用，体现了集体合作的氛围及团队精神（见图4-30）。

> 小贴士
>
> 需要注意的是，同一室内墙饰的用材及表现风格不宜太多，过于复杂会令人眼花缭乱。

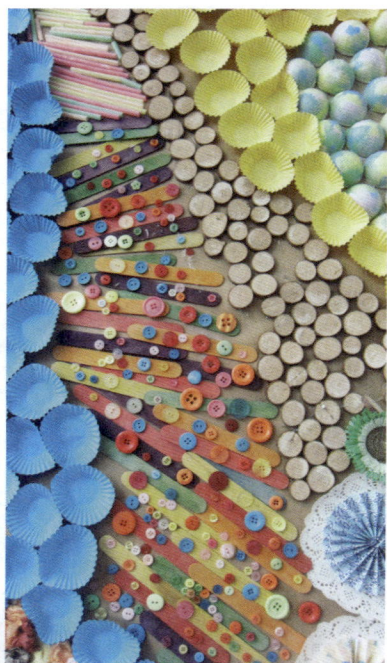

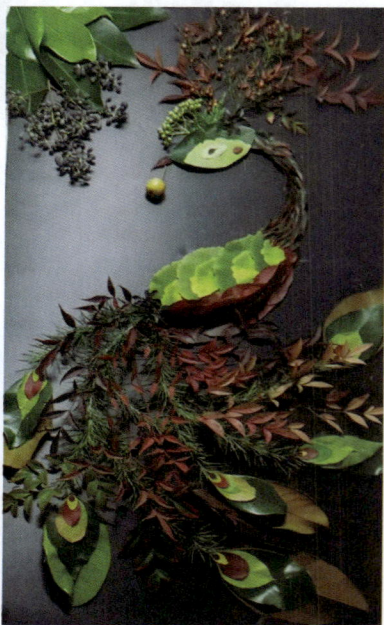

图4-30

5．经济性与安全性

立体式墙饰的外形要柔和、圆润，切忌尖锐突兀；悬挂式墙饰要牢固；墙饰的制作材料不能有污染或其他危害性。墙饰的安全问题不可忽视。

二、幼儿园墙饰的常用表现形式

1．拼贴式墙饰

拼贴式墙饰多用于室内，以墙面为底，用各种纸、布、塑料薄板等易于加工的材料，经剪、刻、撕、折、粘贴及描绘等手法制作而成。

拼贴式墙饰分为平面拼贴（见图4-31）和半立体拼贴（见图4-32）。

图4-31

图4-32

2．悬挂式墙饰

幼儿园室内遇到门窗等开缺处，可与周围墙壁进行整体设计，用纸、绳等轻型材料做成枝叶、藤蔓等（见图4-33）；也可以用废旧纸杯等做悬挂。

总之，幼儿园墙饰的表现手法有很多，设计者在实践中还会不断进行创造。

图4-33

三、装饰壁画式墙饰设计

1. 装饰壁画式墙饰的工艺特点

相对于幼儿园环境，装饰壁画可以视为大型墙饰，它适用于建筑物外墙及室内的门厅、礼堂等较大的公共空间（见图4-34）。装饰壁画式墙饰的使用周期较长，这是设计时需要考虑的因素。

2. 装饰壁画式墙饰与环境的关系

（1）限定平面空间。壁画式墙饰局限在平面造型，三维立体的造型很少，所以，装饰的形象和色彩会对效果有很大的影响。

（2）注意形象尺度。壁画中表现的形象的尺寸要与环境空间的需要相适合。

图4-34

3. 装饰壁画式墙饰的构图特点

（1）适宜装饰壁画的画面的尺寸一般为宽度大于高度。人的欣赏视线多沿横向运动，所以，在确定墙面时应尽量选择宽度较长的墙面进行装饰，以增加视线的延展性。

（2）视点安排。装饰壁画的视点选择多为散点式，选择多个视点会使画面显得更加舒展。

（3）疏密关系。在构图时注意形象的疏密搭配，使画面有紧有松，增加美感。

（4）形象的完整性。装饰壁画在内容的安排上要保证物象自身和画面整体效果的完整性。

（5）构图的基本形式。构图的基本形式主要包括横带式、对称式、适合式、填充式。

4. 装饰壁画式墙饰的色彩设计

（1）明度基调。幼儿园的墙饰以高明度基调为宜（见图4-35）。

图4-35

（2）彩度。幼儿园的环境需要色彩鲜明；背阴处的空间可稍加强暖色，以显得温馨。

（3）色调。色调彰显气氛，幼儿园环境需要活泼、热闹，墙饰要做到活泼而不杂乱，热闹而不喧嚣。

> **练练看**
>
> 1. 为幼儿园活动室设计一份墙饰设计图，并写出设计思路。
> 2. 为幼儿园的走廊设计一个具有趣味性的动物形象墙饰，要求运用拟人夸张的手法。

四、幼儿园环境创设作品欣赏

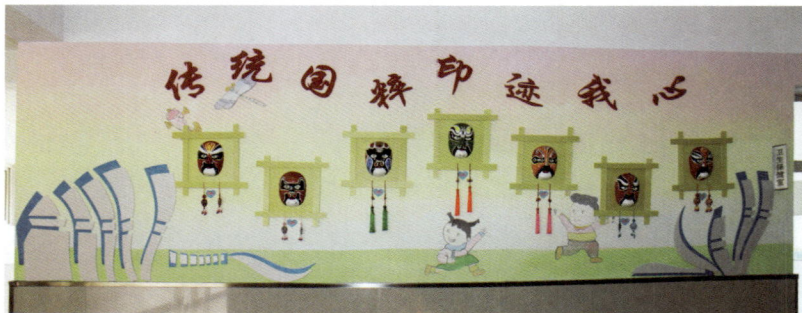

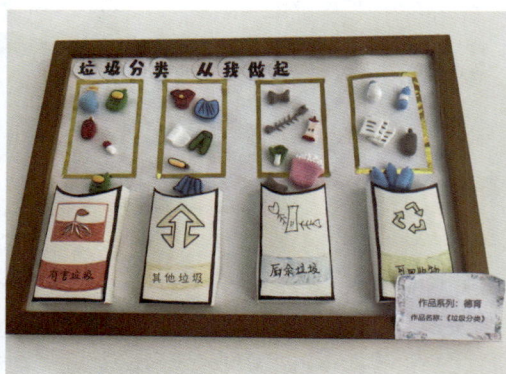

综合训练

第五章　美术字

　　美术字是经过加工、装饰、美化的文字，广泛应用于报头、刊头、书籍装帧、商业宣传、包装、装潢、广告、标牌中。美术字不仅有装饰作用，还有宣传效果。美术字有3个特性：可读性、美观性、艺术性。美术字的种类很多，概括起来可分为三大类：宋体、黑体和变体。其中，变体是宋体和黑体变化而来的，而宋体和黑体只在笔画形式上有区别，文字的结构和书写规律是一致的。因此，掌握了宋体和黑体的写法后，变体就不难掌握了。

第一节

宋体美术字

一、宋体美术字的种类

1. 老宋体

　　老宋体的特点是横细竖粗，横的末尾有一个小三角形的凸起，起笔和转折有顿笔装饰，点、撇、捺、挑勾与竖粗细相等，尖峰短而有力（见图5-1）。

2. 仿宋体

　　顾名思义，仿宋体是模仿宋体的一种字体（见图5-2），它的历史仅有百年左右。仿宋体是用毛笔或钢笔手写而成的，具有字形小、美观、变化多、用途广泛等特点，多练仿宋体字还有助于我们熟悉汉字的结构比例，对书写其他美术字有很大的帮助。

3. 新宋体

　　新宋体综合了老宋体和仿宋体的特点，它比老宋体字的高度更高，竖和横的粗细比较接近。新宋体既保持了老宋体的庄重大方，又体现了仿宋体的活泼秀丽（见图5-3）。

图5-1

图5-2

图5-3

二、宋体美术字的笔画

宋体美术字的笔画如图5-4所示。

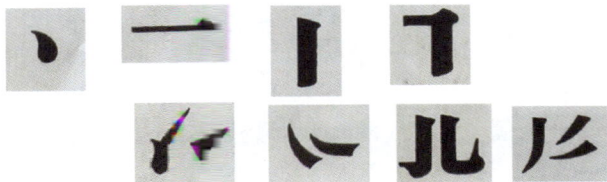
图5-4

宋体美术字的笔画

三、宋体美术字的书写步骤

宋体美术字的书写步骤如图5-5所示。

第一步　打格。根据要书写文字的空间和位置，用铅笔轻轻地打上格子。

第二步　起稿。画出字的单线骨架。

第三步　描外框。修改字的笔画、间架，描出字的双线外框。

第四步　调整。定稿后落墨上色。

练练看　练习书写"幼儿美术"宋体美术字。

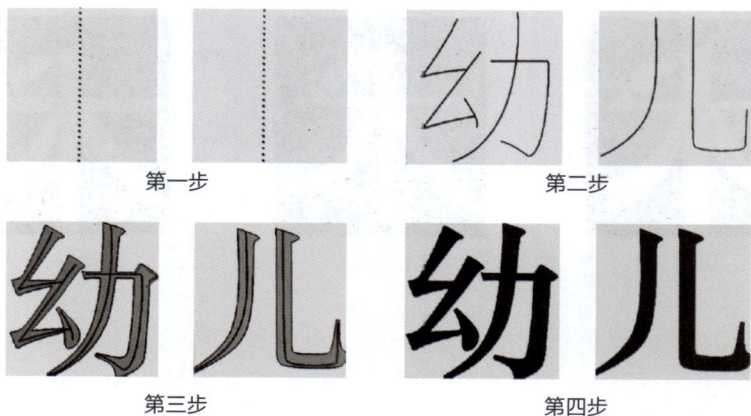

第一步　　　　　　第二步

第三步　　　　　　第四步

图5-5

第二节
黑体美术字

一、黑体美术字的种类

1. 黑体

黑体以其笔画较粗，字形方黑一块而得名。黑体和宋体的形态相反，黑体字的横竖粗细一致，方头方尾（见图5-6）。黑体虽然不如宋体生动活泼，却因为它浑厚有力、朴素大方而引人注目。黑体字因适合作为标语、标题的字体而得到人们的重视；又因它结构严谨，笔画单纯，所以也是幼儿教育专业学生练习的主要字体。

黑体美术字的笔画

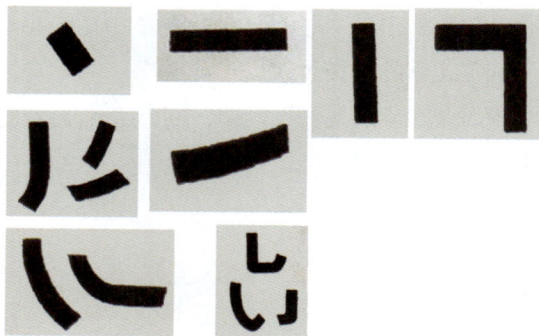

图5-6

2. 圆体

圆体是近十几年出现的一种新字体。圆体在风格上吸收了黑体庄重醒目的优点，横竖粗细一致，头尾皆呈圆形（见图5-7），常用于书籍装帧、报刊、杂志等。

图5-7

二、黑体美术字的书写规律

1. 笔画统一，大小一致。
2. 方正饱满，分布均匀。
3. 麟羽参差，穿插自让。
4. 虚实相应，布白停当。
5. 多笔收，少笔放。
6. 靠边直笔向里让。
7. 点横撇捺，稍微出框。
8. 左昂右低，左伸右缩。
9. 左竖不嫌短，右竖不嫌长。
10. 上紧下松，断连适当。

三、黑体美术字的书写步骤

黑体美术字的书写步骤同宋体美术字，具体写法如下（见图5-8）。

第一步　打格。根据要书写文字的空间和位置，用铅笔轻轻地打上格子。

第二步　起稿。托出字的单线骨架。

第三步　描外框。修改字的笔画、间架、描出字的双线外框。

第四步　调整。定稿后落墨上色。

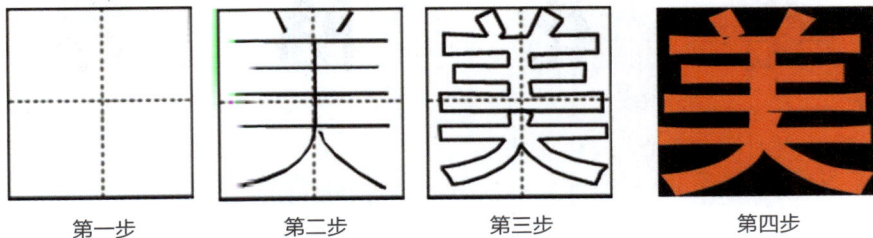

第一步　　　第二步　　　第三步　　　第四步

图5-8

> " 黑体美术字在现实生活和工作中的应用是非常广泛的，我们在学会书写的同时，也要注重课后加强练习。在做加强练习时，书写者可以用刷子和排笔书写，提升自己的基本功。"

小贴士

四、黑体美术字的结构和比例

黑体美术字的结构主要包括左右结构、左中右结构、上下结构、上中下结构、上下左右结构、里外结构、参差结构等，部分结构的示意图如图5-9所示。

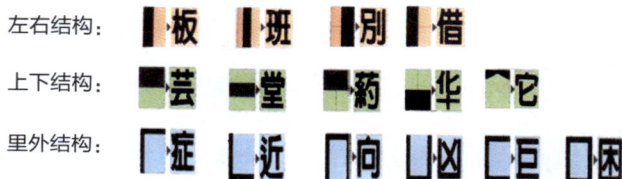

图5-9

五、书写中经常出现的问题

在实际书写过程中，有的同学可能会遇到以下问题。

1. 结构

（1）书写美术字时，结构上要坚持上紧下松的原则，这个"紧"不是过挤的意思，而是要形成一种合适的比例关系（见图5-10）。

（2）书写美术字时，结构上要坚持左紧右松原则，根据左右部首的大小决定字的结构比例：笔画多的部分安排的空间大一些，结构松散一些；反之，笔画少的部分安排的空间就小一些，结构紧凑一些（见图5-11）。

图5-10

图5-11

2. 字的中心与重心

字的中心要处于黄金分割点，追求美感。重心是决定一个字能不能"站稳"的关键，在书写美术字时一定要保证字的整个骨架是稳的。如果字中没有横竖笔画，则可以运用撇和捺代替横竖的作用，支撑起字的骨架结构（见图5-12）。

图5-12

练练看　练习用黑体书写"庆祝六·一儿童节"。

第三节

变体美术字

一、变体美术字的特征

变体美术字是在宋体和黑体的基础上通过装饰、变化、加工而成的。它的特征是在一定程度上摆脱了字形和笔画的约束，书写者可以根据文字内容，运用丰富的想象力，灵活地重新组合字形，在字体上做较大的艺术变化，以达到文字的含义和字体结构有机结合。

二、变体美术字的变化种类

1. 字义变化（见图5-13）。

2. 连接变化（见图5-14）。

3. 装饰变化（见图5-15）。

图5-13　　　　　图5-14　　　　　图5-15

4. 立体变化（见图5-16）。

5. 形象变化（见图5-17）。

6. 部分形象变化（见图5-18）。

图5-16　　　　　　　　　　图5-17　　　　　　　　　　图5-18

三、变体美术字的设计方法

1. 外形变化

外形变化是指以圆形、波浪形、平行四边形等几何图形为外形对字进行变化的设计方法（见图5-19）。

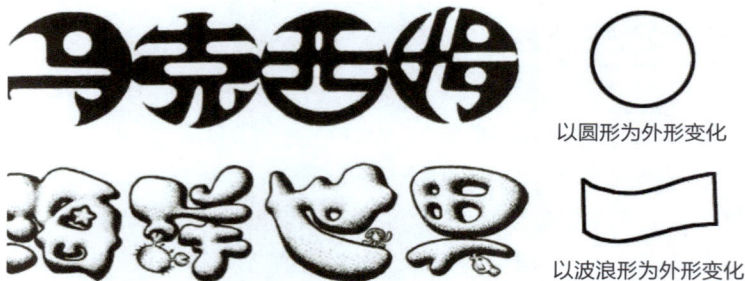

以圆形为外形变化

以波浪形为外形变化

图5-19

2. 笔画变化

笔画变化是指在宋体和黑体的基础上根据字的内容和含义对字的笔画进行变化的设计方法（见图5-20）。笔画变化的范围以字的副笔为主（字的主笔一般指体现字的主要结构的笔画，其余笔画则为副笔）。

图5-20

四、立体美术字的书写步骤

实际应用中使用最多的变体美术字是立体的变体美术字，下面就以"碘"字为例来说明立体美术字的书写步骤（见图5-21）。

第一步　用单线写出字的骨架。

第二步　在字的骨架上描出字的双线外框。

第三步　选好透视点，将透视点分别与笔画的转折点相连，并截取笔画的立体厚度（类似平行透视）。

第四步　调整并加上装饰。

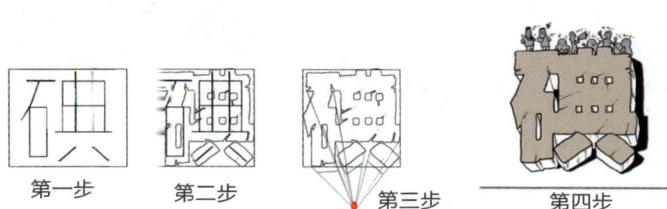

第一步　　第二步　　第三步　　第四步

图5-21

立体美术字还有一个种类是有多个消失点的立体结构，字的中间还可以是转折结构。在书写这种字时只要注意第二步骨架外框的书写就可以了（见图5-22）。

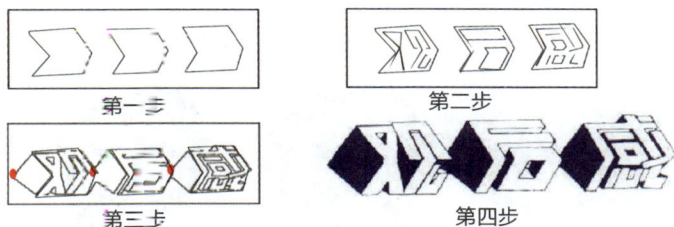

第一步　　第二步

第三步　　第四步

图5-22

> 变体美术字相比黑体和宋体美术字自由一些，但一定要遵循一定的规律来写，否则变体美术字就会"散架"。变体美术字的自由是建立在一定的变形基础上的，"变"一定要以"不变"为基础。
>
> 在书写美术字时，书写者常常会出现提笔忘字或笔画出现差错的情况。对此，书写者可以在写字时用铅笔在纸的一角描一个小草稿，然后照着写，以提高效率和准确率。这是在实际书写中比较好的习惯。

小贴士

五、幼儿园变体美术字的应用

1. "欢乐6·1"的书写步骤如图5-23所示。

第一步 先用几何图形勾勒出大致外形。

第二步 用铅笔写出具体字样，用油性笔勾出外框。

第三步 调整涂色。

第一步

第二步

第三步

图5-23

2. "教师节"的书写步骤如图5-24所示。

第一步 先用铅笔勾勒出教师节的大致外形。

第二步 根据相应的重叠关系，用马克笔细头描出字的内部，用马克笔粗头勾勒出字的外框。

第三步 根据需要调整涂色，注意颜色的层次感。

第一步　　　第二步　　　第三步

图5-24

3. "生日快乐"的书写步骤如图5-25所示。

第一步 用铅笔勾勒出大致字样。

第二步 用马克笔的细头描出字的大致外形。

第三步 用马克笔的粗头描出字的外框。

第四步 调整涂色，注意颜色层次的叠加。

第一步 第二步

第三步 第四步

图5-25

4. "幼儿园"的书写步骤如图5-26所示。

第一步 用铅笔勾勒出大致字样。

第二步 用马克笔的细头描出字的大致外形。

第三步 用马克笔的粗头描出字的外框。

第四步 调整涂色，注意颜色层次的叠加。

第一步 第二步

第三步 第四步

图5-26

5. "施工中"的书写步骤如图5-27所示。

第一步 用铅笔勾勒出大致字样。

第二步 用马克笔的细头描出字的大致外形。

第三步 用马克笔的粗头描出字的外框。

第四步 选择一个浅色平涂，作为底色。

第五步 选择一个同色系的深色，根据相应效果涂色，注意颜色的叠加。

第一步

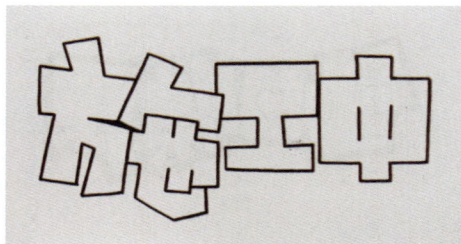

第二步

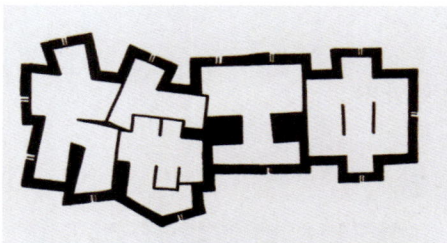

第三步

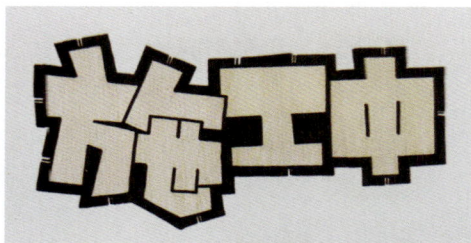

第四步

第五步

图5-27

练练看

1. 完成一组立体美术字的装饰练习。

2. 练习书写"我爱幼儿园"变体美术字。

六、变体美术字示赏

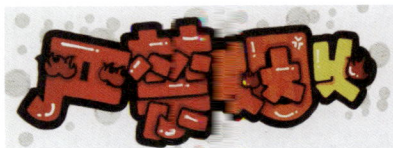

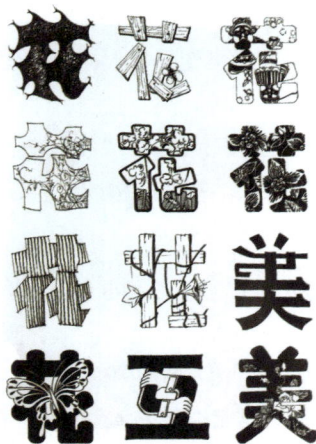

萝卜字体　　轻松字体

哈哈字体　　娃娃字体

立体字体　　可爱字体

第六章　设计基础

　　本书所介绍的设计基础主要是指平面构成和板报设计两部分。对于幼儿教师而言，设计中最难的是要具备分析能力，学习本章内容有利于幼儿教师提高分析能力，进而提高实践应用能力；学习板报设计中板块的布置有利于幼儿教师提高实际应用中的构图能力。

第一节

平面构成

　　平面构成的设计是指将现有自然形态中的点、线、面等抽象元素用艺术的审美法则，通过归纳和演绎，然后在二维平面内按照一定的方法进行分解和重组，从而在设计构成理念中达到新的形态的过程。

　　平面构成起源于20世纪30年代的德国"包豪斯"设计运动。平面构成是工业革命的产物，其设计过程在实践中被认为是一种用于开拓抽象思维的、行之有效的训练方法。在20世纪80年代初，平面构成由广州美术学院幸泉华教授引进我国，随后在我国的美术设计类院校引发了一场教学革命。"平面构成""色彩构成""立体构成"被誉为三大构成课程，它们侧重各有不同，但教学目标却是一致的。其中，平面构成主要是指线的构成、点的构成和面的构成。

一、线的造型

　　线可以分为直线和曲线。直线为静感线，曲线为动感线。线有着非常强的表现力：直线给人以稳定、庄重、刚强、简单、明确的感觉；而曲线则给人以优雅、自由、弹性、浪漫和活泼的感觉。在创作装饰绘画的过程中，线的应用是非常普遍的，装饰线常常能让人感受到很强的生命力（见图6-1）。

图6-1

二、点的造型

点是一种相对的形态，有大小、形状和位置的变化。点可以表现明暗、浓淡、虚实和空间等效果（见图6-2）。

图6-2

三、面的造型

（一）面的分类

面由封闭的轮廓线构成，可分为几何形和自由形。由直线（数学中的直线）所构成的面给人以安定、稳固、简洁、秩序井然的感觉；由自由线（没有方向要求的曲线）所构成的面给人以潇洒、自由、流畅、活泼的感觉（见图6-3）。

图6-3

（二）常见面的构成形式

（1）基本形：在平面构成中出现两次或两次以上的相同形状称为基本形。基本形具有独立存在的特点，一般用于标志、符号的设计。

（2）重复构成：以一个基本形为单位，在重复的骨格中反复出现，即重复构成。基本形的重复可呈现和谐、统一、整齐的视觉效果。每个基本形都像旋律中的一个节拍。常用的重复构成有交叉重复、方向相对、正负转换等。

（3）渐变构成：渐变是一种运动变化的规律，渐变构成指基本形经过过渡、转换的构成。渐变构成的形式有两种，一是沿骨格的水平线、垂直线的方向渐变；二是基本形自身的渐变。渐变构成给人以生命感、运动感、韵律感和美感（见图6-4）。

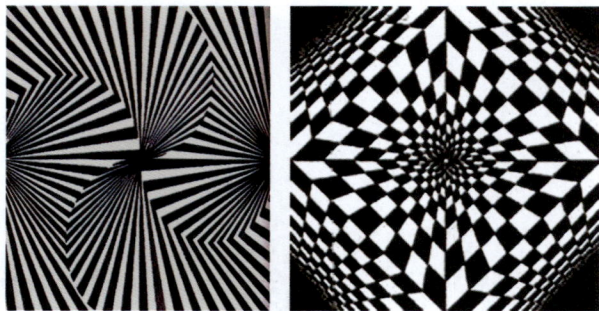

图6-4

四、点、线、面在设计中的运用

（1）点、线、面在平面构成中的运用如图6-5所示。

（2）点、线、面在装饰风景中的运用如图6-6所示。

（3）点、线、面在适合图案中的运用如图6-7所示。

图6-5

图6-6

图6-7

小贴士

平面构成是比较枯燥、抽象的，但在构图中起到非常重要的作用。所以，绘画者在学习过程中一定要善于总结规律，尤其是学习在实践中如何运用平面构成。

五、平面构成的练习方法

（1）将具象的造型用抽象的点、线、面填满（见图6-8）。

图6-8

（2）用抽象的元素（点、线、面）去装饰抽象的物体造型（见图6-9）。

（3）根据画面需要着色（见图6-10）。

练练看

练习：用点、线、面这三个元素组合三成一幅平面构成。

图6-9

图6-10

六、平面构成作品欣赏

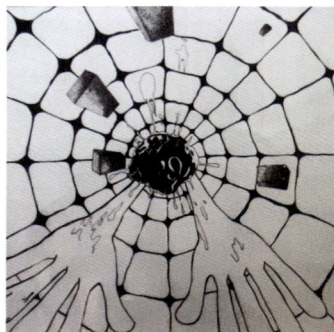

第二节

板报设计

　　板报是一个可以发挥绘画者个性和才艺的广阔天地。无论是手抄报、黑板报，还是墙报，绘画者在设计时，首先要确立主题思想。一期板报的版面是有限的，要办出特色，绘画者必须在内容上突出一个主题，做到主题突出且内容丰富多彩。版面编排和美化设计也要围绕主题，根据主题和内容决定形式的严肃或活泼，从而做到形式与内容统一。

一、标题的书写

　　主要或重要的文章标题应采用较为醒目、庄重的字体（见图6-11）。标题的字号应比文章内正文的字号大，色彩也应更深，标题多用美术字。正文的字体要清楚、美观、大方，正文的排版要整齐，字号不宜太大，忌潦草字和错字。

图6-11

二、板报的编排设计

　　板报编排设计的总体要求是主题明确且版面新颖、美观。

（一）版面划分

　　在划分版面时，一般先把版面分成两块，再把这两块分成更多块。划分文章版面时，要有横有竖，有大有小，有变化有对称。报头要放在显著的位置（见图6-12）。

（二）版面编排

　　划分好版面后，如果不能把文章内容全部排进去，就利用移引、转版等形式，并用不同的字号、颜色、花边与邻近的文章版面相区分。

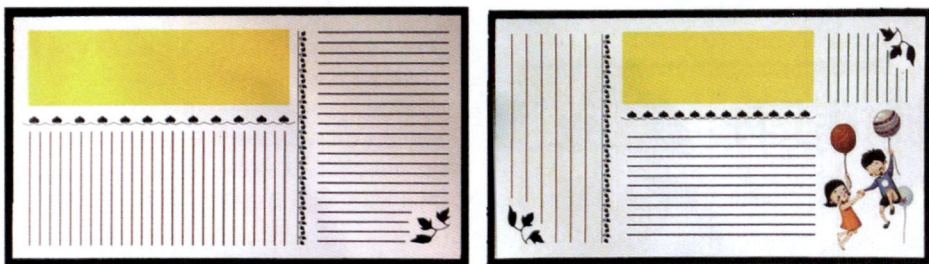

图6-12

（三）装饰设计

绘画者除了对报头按内容设计、绘制外，对每篇文章的标题也要进行总体考虑，按文章地位的主次确定每篇文章标题的字体、字号、颜色及横竖排位置。文章内容以横竖排版为主，行距应大于字距，篇与篇之间可适当用题花、插图、花边等穿插，起到装饰、活泼版面的作用（见图6-13）。

图6-13

小贴士

板报一般可以分为以下3种编排形式。

（1）以文字为主。

（2）以图为主。

（3）图文并茂。

绘画者在设计时，可以根据实际需要设计板报。

（四）色彩

色彩具有较强的表现力和感染力。板报的版面设计中对色彩的要求是明亮、不花哨（见图6-14、图6-15）。整个版面应该有一个主色调，其他色调只起烘托、点缀的作用。要注意色彩的冷暖对比和调和关系，切忌将拥有的色彩全部用上，使整个版面色彩杂乱。

图6-14

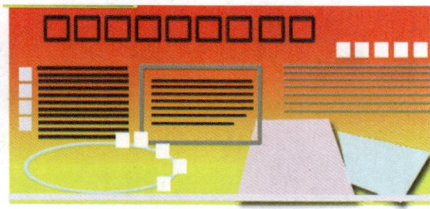

图6-15

（五）底色

板报一般为黑底，绘画者可考虑将黑板的底色空出来当作黑色使用。

（六）其他注意事项

1. 文章

文章的字体要工整、美观，不要有错别字。如果是两个人以上一起设计板报，注意字体要统一，文章的头尾要整齐。

2. 标题

标题要醒目，一般采用美术字体，标题要吸引人。

3. 装饰

绘画者可以直接在标题上装饰，也可以在文字的旁边装饰；报头的绘制要醒目，尾花的绘制要小巧、精致；底纹可以在版面划分时做好，也可以在文字书写完成后再进行设计，可用淡色刷底色，然后勾画景物，但最好用相对鲜艳的颜色。

4. 整洁

保持报面整洁。

练练看

1. 设计一期"庆祝国庆节"的板报。

2. 设计一期以"垃圾分类"为主题的幼儿园知识宣传板报。

三、板报作品欣赏

见多识广

第七章　美术赏析

　　作为学前教育专业的学生，单纯的理论内容讲解和单纯的技能技巧训练只涉及部分的学习，其要想有进一步的发展，还应该进行一定的美术赏析。学校设置的美术赏析课是对学生进行审美教育、爱国主义教育的重要方式，也是开阔学生眼界，扩大学生知识面，提高学生艺术修养的重要途径。在初中阶段，学生受到的美术赏析教育是初步的、浅显的。因此，学前教育专业的美术赏析课，应给学生介绍更加系统的美术赏析知识，这样才能让学生对人类文化遗产，特别是祖国的文化遗产有所了解，才能提高学生的文化素质及艺术修养，并使学生对美术作品形成初步的分析和鉴赏能力。同时，美术赏析课还应促进并加深学生对幼儿美术教学的热爱，并对幼儿美术作品有一定的分析、评价水平。

一、美术的类别和美术的艺术特征

　　美术是人类创造文明的标志之一，是艺术家族的一员。美术作品是以它独特、丰富的艺术词汇和一定的物质材料为介质，融概念性、可视性、静态性为一体，并占据一定的平面和空间的视觉艺术。根据这一特征，美术作品可以分为绘画、雕塑艺术、工艺美术和建筑艺术四大类。

1. 绘画

　　绘画是指运用线条、色彩和形体等艺术语言，通过造型、设色和构图等艺术手段，在二维空间（即平面）里塑造出静态的视觉形象，以表达绘画者审美感受的艺术形式。绘画种类繁多，从不同的角度可以划分为不同的类别：从地域划分，绘画可以分为东方绘画和西方绘画；从题材内容划分，绘画可以分为人物画、山水画、花鸟画等；从绘画工具划分，绘画可分为水墨画、油画、版画、水彩画、水粉画等；从作品的形式划分，绘画可以分为壁画、年画、连环画、漫画、宣传画、插画等。不同类别的绘画形式，由于各自历史传统的不同，有其自身独特的表现形式与审美特征。

2. 雕塑艺术

　　雕塑艺术是以雕、刻、塑及堆、焊、敲击、编制等作为制作手段的三维空间的形象艺术。

3.　工艺美术

工艺美术通常分为两类：一是日用工艺，即经过装饰加工的生活实用品；二是陈设工艺，即专供欣赏的陈设品。

4.　建筑艺术

建筑艺术是一种实用价值与审美价值、工程技术手段与艺术表现紧密结合的艺术种类，呈现为同时具有实用和审美价值的三维空间形象。

二、审美教育的目的和意义

审美教育包括审美形态教育和美感教育两个方面：审美形态教育主要培养人对自然中千变万化的美的形态和结构（包括艺术品的形态、形式、风格）的欣赏和辨识能力，侧重于对客观形态的描述和认识；美感教育主要是培养人健全的审美心理结构（感觉、知觉、情感、想象、理解等心理结构的提高和协调），最终落实为敏锐的审美知觉和对美的欣赏力和创造力。审美教育让人学会感受美、欣赏美，让美为人提供一种特殊的情怀，振奋人的精神，激发人对自身和社会的洞察力，造就人的内在情感，激发人的想象力和创造力。

三、美术创作与美术赏析的关系

美术创作与美术赏析是美术活动的两个方面，并且是相互联系、相互推动的两个方面：一方面，美术创作不仅创造了美术作品，而且也催生了美术作品的赏析者；另一方面，美术赏析不仅反映了美术创作和美术作品的价值，还反作用于美术创作。赏析者的审美需求、品位和消费能力构成了不同时代下不同的美术标准和不同的美术价值圈。各个时代的高层次的美术价值圈，要求并创造着属于这个时代的杰出美术家和美术作品。

四、美术赏析的趣味性

美术赏析的教学工作应当是一个创造的过程，其创造精神体现在如何引导学生发掘每件作品独有的最突出、最本质、最感人的美点，并能对其做深刻的分析，让学生在一次又一次的剖析中发挥自身创造力和想象力，逐渐培养艺术修养和创造性审美的能力。

第一节

绘画赏析

一、中国画赏析

中国画又称水墨画，就是绘画者使用中国特制的笔、墨、砚在中国特制的纸和绢上画出的山水、人物、花鸟等的绘画作品。

1. 特点

（1）在工具材料的使用上，中国画讲究笔、墨，着眼于用笔、墨来造型。用笔有方圆正侧、转折顿挫。

（2）在表现手法上，中国绘画者一般采用目识心记的方法作画。因此，画面表现为散点透视，即绘画者打破固定视阈的限制，将自己在不同视点上、不同视域内观察所得的事物巧妙地组织在一幅画中，从而使视野显得宽广辽阔，构图显得灵活自由，没有时空限制。风俗画长卷《清明上河图》就是宋代张择端运用边走边看的移动观察法和目识心记法来作画的。画卷从左到右，表现了从郊外到城区的风物景色。

图7-1

（3）在画面的构成上，中国画讲究诗、书、画、印交相辉映，形成独特的形式美与内容美。例如，郑板桥在他的《竹石图》（见图7-1）上题诗："咬定青山不放松，立根原在破岩中。千磨万击还坚劲，任尔东西南北风。"这首诗就起到点题和生发的作用。中国画中的题字、落款后加盖的印章，虽然仅仅是信物标记，但往往是中国画必不可少的组成部分，起着活跃画面气氛和调节构图的作用。所以，中国画可谓绘画、诗词、书法、雕刻相结合的综合艺术形式。

（4）中国画讲究"形神兼备""气韵生动"，追求意境美。中国有许多画家崇尚自然、重哲理。在图7-1寓意深刻的题画诗中，作者通过赞美竹子坚定、顽强的精神，隐寓了自己风骨的强劲。"千磨万击还坚劲，任尔东西南北风"，常用来形容革命者在斗争中坚定的立场和受到敌人打击时不动摇的品格。

2. 中国画著名作品赏析

（1）人物画

人物画是中国画中历史最悠久的画种之一，早期的中国画主要是人物画。元、明以后，山水画、花鸟画逐渐占据主要地位。根据画法的不同，人物画可以分为工笔人物画和写意人物画，两者均以线为主要的造型手段。前者用笔工整、细致，色彩浓重、艳丽，富有装饰趣味；后者用笔简练、奔放，墨色酣畅淋漓，另有一番韵味。

《步辇图》（局部截图，见图7-2）是唐代画家阎立本的作品，该画以唐代吐蕃王松赞干布和文成公主联姻的历史事件为题材，描绘了唐太宗接见松赞干布派来迎接文成公主的使臣禄东赞的情景。

图7-2

《簪花仕女图》（见图7-3）是唐代画家周昉在粗绢本上画的工笔重彩画作品。周昉的人物画有"古今冠绝"的美誉。《簪花仕女图》是一幅描绘唐代贵族妇女生活的杰作，画中有五位盛装打扮的贵族妇女和一位侍女，她们身披薄薄的轻纱，发簪上还簪着锦簇的花朵，《簪花仕女图》的画名便由此而来。画家用圆润、流畅的线条精描细绘，色彩艳丽，富于变化、或浓或淡、丰富多样、层层敷色。透过薄纱，赏析者可以隐隐约约看到衣内裸露的手臂，出色地表现了"倚罗纤缕见肌肤"。

该作品表现的重点在于人物形象的刻画。尽管贵族妇女养尊处优，神态恬静闲适，发饰花团锦簇，但从她们茫然若失、迟缓的动作之中，流露出的是寂寞、无聊的心态，表现了唐朝"安史之乱"后由盛到衰的社会变化，使作品更具深度。

图7-3

（2）山水画

中国画中的山水画以描绘自然景观为主，宫室舟车等人文景观也是山水画的题材之一。中国山水画虽然讲究"踏遍青山"，但并不拘泥于客观的自然景观，反对刻意求工，而是把意境作为山水画的灵魂，特别讲究布局构图，一般采用散点透视。在造型上，山水画较随意，笔墨激发最为丰富，除勾线外，还采用皴、擦、点、染等多种绘画手段，对画家的要求很高。山水画通过构图和造型表现出画家对人文精神最高境界的追求和向往。

董源创作的《潇湘图》（见图7-4）真实、细腻地描绘了江南山川的秀美，让溪桥捕鱼、重滩叠岸等优美景色跃然纸上。

图7-4

> **小贴士**
>
> 墨色是指墨的深浅不同的层次。墨分五色是指以水调节墨色层次的浓淡干湿，指运用墨色时表现丰富。

唐寅的《春山伴侣图》（见图7-5）描绘的是春山吐翠、流泉飞溅的山谷内，两位文士盘坐于临溪的矶石上寻幽晤谈的情景。图中高岭回耸，枯树新枝，绽发嫩芽，透露出春的气息，环境清雅出尘。全图主要以水墨为之，仅枯树的枝梢略加石绿，人物的衣饰稍用赭石，显得淡雅。图左上题诗一首：春山伴侣两三人，担酒寻花不厌频。好是泉头池上石，软莎堪坐静无尘。

（3）花鸟画

中国画中的花鸟画以植物花卉、虫鱼鸟兽为题材。花鸟画从绘画技法上大致可以分为工笔花鸟画和写意花鸟画两类。工笔花鸟画要求工巧色丽、笔韵高简、形神兼备（见图7-6）。

图7-5

图7-6

写意花鸟画造型概括，笔墨简练：大写意笔势豪放，墨如泼出，用夸张的手法表达物象的形神；小写意赋色五彩缤纷，用笔生动流利，水晕墨章的变化丰富（见图7-7）。

《荷花水鸟图》（见图7-8）是清朝初年画家朱耷的写意花鸟作品，简练而酣畅淋漓的笔墨，寥寥数笔就描绘出了一幅池边小景：孤石倒立，疏荷斜挂，一只翻着白眼的缩脖水鸟独立于怪石之上。在朱耷的笔下，鸟儿没有春光花影中欢快的身影，而是与枯树、怪石相伴。画面的构图惊险、怪诞而又显得空灵。从朱耷这一类的作品中，人们很容易察觉作者怪诞、冷漠、高傲、孤独、白眼向人的个性特征。他作画常取枯枝败叶，孤影怪石，表现他心中那种地老天荒的精神世界。从抽象继承法的角度讲，朱耷的画作对中国画创作、笔墨形式和大写意花鸟画的发展是有一定贡献的。

图7-7

图7-8

《五牛图》（见图7-9）是唐代画家韩滉的作品。韩滉工书善画，尤其擅长画人物和田园风景，在当时享有"画牛羊最佳"的盛誉。这幅画表现了牛强劲有力的筋骨和厚重的皮毛质感，画风淳朴自然，繁简适宜，被誉为"韩晋公五牛图"。

图7-9

　　《芙蓉锦鸡图》（见图7-10）是宋徽宗赵佶的作品。画面上有一枝自上而下斜倚着的芙蓉花；锦鸡呈回首仰望的姿态，使画面右上部、中部和左下部有了内在的联系。这幅画写实技巧高超，锦鸡羽毛的华丽及细致斑纹，芙蓉花枝因锦鸡停栖其上的摇曳多姿，都得到了生动的体现。赵佶还在画面上题诗赞美了太平盛世，以此粉饰自己的统治。

　　《群虾》（见图7-11）是现代画家齐白石的作品。画家以简练的笔墨表现了一群嬉水的虾子，小小的虾子在造型上有着点、线、面的结合。

图7-10

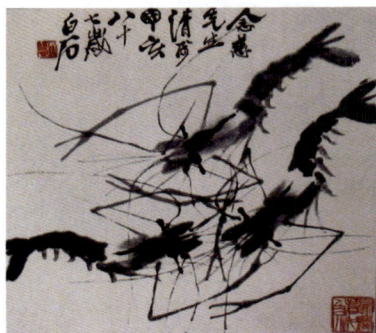

图7-11

练练看

1. 了解中国画的分类及特征。
2. 欣赏徐悲鸿的《奔马图》，并分析其艺术特点。

二、西方画赏析

　　西方画以油画为代表。油画是世界绘画艺术中最有影响力的画种之一，就其发展而言，油画又可分为古典油画和现代油画。

　　古典油画的基本艺术特色如下。

　　（1）在工具材料上，油画是用油质颜料在布、木板或厚纸板上画成的，它擅长通过色彩、线条、形体、调子、明暗、空间感、质感、量感等造型元素真实、生动地描绘画家对周围世界的视觉印象，具有很强的艺术表现力。而且，油画颜料具有较强的覆盖力，易于修改，为画家的艺术创作提供了便利条件。

（2）在表现手法上，画家通常采用静态观察、对景写生的方法作画。因此，画家一般采用焦点透视的画法。焦点透视是油画的典型表现，即画面上只有一个视点。

（3）在画面构成上，油画不同于中国画画面留有大小不同的空白和讲究诗、书、画、印的结合，而是讲究画面景物充实，按自然的秩序布满画面，呈现出自然而真实的境界，具体表现于画面上，即将画底全部涂满，不留空白，然后用焦点透视法画出真实而具体的世界一隅。当然，古典油画中的客观物象的距离、色彩的明暗、空间的分割、光与影的变幻也会产生一定的虚实变化。

（4）在科学、理性、进取精神的指导下，古典油画讲究逼真地模仿。

《蒙娜丽莎》（见图7-12）是意大利文艺复兴时期杰出的画家达·芬奇绘制的肖像画。在构图上，达·芬奇采用了正面构图的方法，金字塔形的构图显得蒙娜丽莎端庄、稳重。人物脸上淡淡的微笑，显得蒙娜丽莎既文雅、乐观，又不失宁静与端庄。她的微笑意味深长，因此，有人称之为"神秘的微笑"或"永远的微笑"。在背景上，达·芬奇运用空气透视法，让蒙娜丽莎身后的景物从近到远逐渐模糊，最终消失在无限幽远的深处。画面省略了一切次要的东西，只用风景和衣服烘托人物。《蒙娜丽莎》成为理想化和个性化的完美统一。

《孟特芳丹的回忆》（见图7-13）是法国现实主义风景画画家柯罗的作品。柯罗以其细腻的笔触描绘了巴黎北郊孟特芳丹蒙眬如画的清晨。在绘画领域

图7-12

里，19世纪中期，传统的写实绘画受到了冲击，出现了各种现代艺术流派，这主要是指发生在西方美术史上后印象主义之后各种企图摆脱传统写实绘画理念约束的艺术派别。

《亚威农少女》（见图7-14）是立体主义画家毕加索的作品。立体主义认为，物体具有许多面，而且从前后左右上下看，它的形态都不一样。绘画就要打破时空的观念限制，用单纯化和几何形体化在平面上表现长度、宽度、高度与深度，表现物体内在的结构。在《亚威农少女》画面上，有5个蓝色背景衬托的裸体女人，但都是变形的女人。这幅画标志着立体主义的开端，此后，立体主义得到空前的发展，冲击波甚至延伸到文学、音乐、舞台设计、芭蕾舞等领域中。

图7-13

图7-14

> 立体主义画家追求碎裂、解析、重新组合的形式，创造分离的画面——以许多组合的碎片形态为所要展现的目标。画家以许多角度来描写物体，将其置于同一个画面之中，以此来表达物体最完整的形象。物体的各个角度交错叠放造成了许多垂直与平行的线条角度，散乱的阴影使立体主义的画面没有传统西方绘画的透视法造成的三维空间错觉。背景与画面的主题交互穿插，使立体主义的画面创造出二维空间的绘画特色。
>
> 小贴士

《百老汇爵士乐》（见图7-15）是抽象派画家蒙德里安的作品。如果说同属于抽象派的康定斯基的画面是热抽象的话，那么蒙德里安的画面则显示的是冷抽象。他推崇直线，认为绘画就是要通过纯粹的色彩和纯粹的线的关系表现纯粹的美。

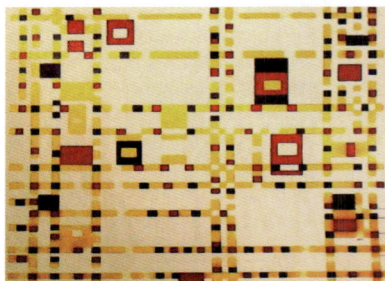
图7-15

《百老汇爵士乐》的基本构图就是运用单纯的垂直线和水平线，这些像铜管乐器一样明亮的黄色线条在霓虹灯般的红色、蓝色小点的点缀下，呈现出一种爵士乐的节奏感。站在这幅画面前，我们仿佛能直接听到城市夜晚那些华丽而生动的节奏。而这些细密如蜘蛛网一样的垂直的、水平的线条，也很容易让人联想到百老汇那纵横交错的街道。

《星空》（见图7-16）是凡高的代表作品之一，其笔触在宽度、长度及弧、曲的状态上是一致的。画面上有蓝、绿色相，以及起到强调作用的红色，从明暗上看，画面的大部分是暗调子的蓝色，最明亮的是新月的橙黄色。天空部分描写着翻腾前进的自然的生命力，绕着冲天白树和教堂的塔尖而旋转。整个画面展现了一种沉静、平和又孤寂、不安的矛盾运动，使我们感受到一种形式样态所蕴含的非凡力量。

凡高的《向日葵》（见图7-17）以淡黄色为背景，以深黄色为向日葵的主色调，15朵形态各异的向日葵或绚烂，或枯萎，或隐或现，另有几朵含苞待放的向日葵则以淡黑色点缀花蕊，颜色上给人一种强烈的对比。画面总体上给人以明亮而又具有强烈生命力的感觉，让人感到生活充满希望。

图7-16

图7-17

小贴士

凡高是荷兰后印象派画家。他是表现主义的先驱，并深深影响了20世纪的艺术，尤其是野兽派与德国表现主义。凡高的作品，如《星夜》《向日葵》《麦田上的乌鸦》等，现已跻身于全球最著名、最广为人知与昂贵的艺术作品行列。1890年7月29日，凡高终因精神疾病的困扰，在美丽的法国瓦兹河畔结束了自己年轻的生命，年仅37岁。

三、版画赏析

版画是艺术家在各种不同材料的版面上用刀等工具进行刻画，制作成画版，再用不同的颜料涂抹在画版上，用纸进行印刷形成的艺术作品。因画版材料不同，版画可以分为木版画、石版画、铜版画等；因印刷方式不同，版画可以分为黑白木刻版画、套色木刻版画和木版水印套色版画等。

吴凡的《蒲公英》（见图7-18）的创作灵感源自一个偶然的场合，他看到一群孩子在欢快地吹蒲公英玩，这一动人的情景引起他对童年生活的回忆，于是他构思创作了这幅版画。画中的墨色虽然不多，但浓淡搭配很有趣，使画面既有版画特有的刻印效果，又有了中国画的水、墨、彩交融的趣味。画面左下角画家的签名和印章也起到了很好的平衡画面的作用。

图7-18

四、年画赏析

年画也是我国特有的一种绘画形式，是我国欢度春节、庆祝丰收、预祝来年吉祥如意时最常用的一种形式。

在绘画欣赏和评价绘画作品时，我们可以从绘画的基本语言符号（形体、明暗、色彩、空间、材质及肌理等）入手，从理论上发掘它们的与众不同之处。

随着时代的发展，我国在绘画领域有了突飞猛进的发展，对形式美、技术美等都进行了大胆的探索，艺术语言、风格和题材也日趋丰富。

对于中国画和西方画，无论是从绘画的艺术形式上，还是从绘画的意境上，它们都有着许多不同。中国画用毛笔、水墨和颜料创造的是"以形写神""妙在似与不似之间"的意境，是中国画家追求的最高境界，这种能够使人超越有限的物象和场景来领悟自然、人生、历史而获得哲理性感受的艺术形式，在世界上独树一帜。西方画则注重透视学和解剖学，讲究的是写实，是一种"再现"的艺术，追求的是对物体和环境的真实表现。

练练看
1. 欣赏《日出·印象》并分析其艺术特点。
2. 欣赏《大碗岛的星期天下午》，感受点彩派的艺术特色，并用这种艺术形式画一幅风景画。

《日出·印象》 莫奈

《大碗岛的星期天下午》 修拉

五、名画欣赏

《朝元图》 马君祥等

《泼墨仙人图》 梁楷

《山水清音图》 石涛

《梅兰图》 吴昌硕

《清明上河图》（局部） 张择端

《奔马图》 徐悲鸿

《拾穗者》 米勒

《韩熙载夜宴图》（局部） 顾闳中

《富春山居图》（局部） 黄公望

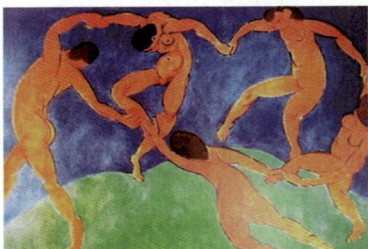

《舞蹈》 亨利·马蒂斯

《格尔尼卡》（局部） 毕加索

《倒牛奶的女佣人》 约翰内斯·维米尔

《哭泣的女人》 毕加索

第二节

雕塑艺术赏析

雕塑是用可塑造的物质材料制作出具有实体形象，以表达思想感情的一种艺术。雕塑的种类可以从不同角度来划分。从制作工艺来分，雕塑可以分为雕和塑：雕是从完整而坚固的坯料上把多余的部分删削、挖凿掉，如石雕、木雕、玉雕等；塑是用具有黏结性的材料连接结构成为所需的形体，如泥塑、陶塑等。从题材来分，雕塑可以分为纪念性雕塑、建筑装饰性雕塑、城市园林雕塑、宗教雕塑、陵墓雕塑、陈列性雕塑等。从表现形式来分，雕塑可分为圆雕、浮雕：圆雕是不附在任何背景上，可以从四面八方欣赏的立体雕塑；浮雕是在平面上雕出的凸起艺术形象。

雕塑的独特艺术价值

（1）由于雕塑材料的特殊性，雕塑作品是一种三维空间的实体艺术创造。

（2）雕塑是静态的空间形象，是凝聚的舞蹈。雕塑不易表现对象的活动过程，因而常选择有概括意义的一瞬间的形体动作和表情。这种瞬间的凝固之美，不仅是运动的静止、时间的停留，还是一种运动之后的聚合，是时间的浓缩，为的是求取情感力量的高度饱和。例如，古希腊雕塑《拉奥孔》（见图7-19）即刻画了拉奥孔父子三人被巨蛇缠绕时忍受剧痛的悲伤场面，浓聚了拉奥孔伟大的人格力量。古希腊雕塑家米隆的《掷铁饼者》（见图7-20）即刻画了掷铁饼者在预备动作和抛掷动作之间的过渡状态中手持铁饼向后甩起到最高点的这一瞬间动作，预示了投郑时力量方向的转换。我国东汉时的雕塑《马踏飞燕》（见图7-21）刻画了天马飞速奔驰时马头微昂、三蹄腾空的场景。

图7-19

图7-20

图7-21

（3）雕塑具有超功能的形体美和更纯粹的表现力。《米洛斯的维纳斯》（见图7-22）是古希腊时期的雕塑范例。这尊雕像作半裸式处理，胯部以下衣巾披褶，重叠翻卷，裹住下半身，使全身轻松优雅的站姿得到稳定的安定感，同时反衬出上半身裸体的明洁光润。维纳斯面部具有典型的希腊妇女的特征：椭圆脸、直鼻高额、下巴丰满。她的眼神清朗安详，嘴角含一丝若有若无的微笑，体现出沉静的智慧。当人们注视这尊体态婀娜、温柔美丽，又仪态端庄、气质典雅的爱与美之神维纳斯的雕像时，会由衷地得到一种坦荡、磊落的精神净化。

《说唱俑》（见图7-23）是汉代的陶塑作品。它淋漓尽致、出神入化地塑造了说唱艺人沉入角色创造当中，情不自禁地手舞足蹈的滑稽相。另外，创作者给整体以适当的安定性，在这种看似稚拙的造型处理当中隐藏着高度奔放洒脱的灵动和成熟。

图7-22

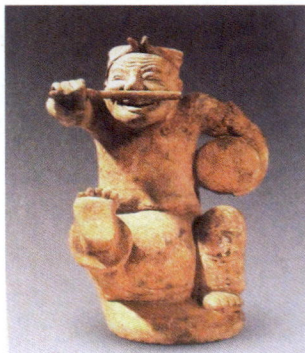

图7-23

练练看 收集罗马的典型雕塑图片，从艺术的角度对其时代特色进行赏析。

第三节

工艺美术赏析

工艺美术是指日常生活用品经过艺术化处理以后，产生强烈的审美价值的产品。一般，我们把工艺美术分为实用工艺美术和陈设欣赏工艺美术。实用工艺美术是整个工艺美术的主体和基础，包括衣食住行用的工艺品类，实用价值是这类工艺品的根本价值，审美价值是作为辅助价值存在的；陈设欣赏工艺美术是指那些以摆设、观赏功能为主的工艺品，这类工艺品以审美价值为首要价值，实用价值已不明显或完全消失，如玉器、金银首饰、景泰蓝、漆器、壁挂、陶艺等。

工艺美术还可以从时态上分为传统手工艺美术和现代工艺美术。传统手工艺美术主要是由手工制作。现代工艺美术是指结合现代生活和现代技术实现的工艺美术，包括工业设计（见图7-24）、环境设计（见图7-25）、视觉设计等。这类工艺美术的特点是设计、技术和艺术相统一，努力达到适用、经济、美观的要求。

图7-24

图7-25

工艺美术的造型美包括外部表现形态的美和装饰美，如形体的均衡，对称造成的稳定感，曲线造成的生动感，色彩冷暖、重心高低造成的热烈、紧张、静谧、亲切的感觉等。

由于直接受物质材料和生产技术的限制，工艺品的制作更需要高超的艺术构思和制作技巧，以尽可能多地挖掘和发挥原材料的美。工艺品也因此能直接体现工艺美术家的创造性劳动。例如，各种形态的根雕作品（见图7-26），它们是工艺美术家在原材料制约的前提下，在尊重天然树根和竹根的自然形态的原则下，以形取形、精心取舍制作而成的，它们妙在天然，三分天成，七分人工，运用自然，又妙在自然，给人一种美且真的艺术效果。

图7-26

下面就我国民间的几种主要工艺美术形式来说明它们的艺术特色。

一、剪纸赏析

剪纸是我国民间工艺美术中一个比较单纯的门类，因其材料廉价、制作简易、题材广泛、功能多样而普遍流行。从某种意义上说，剪纸比较集中地反映了民间工艺美术的特点。从功能出发，剪纸可以分为窗花、灯笼花、墙顶花、礼花等。其中以贴在窗户上的窗花数量最多，逢年过节，家家户户都红红火火地贴着它，窗花可以称作其他类剪纸制作和发展的基础。

寓意剪纸（见图7-27）是借某种动物、植物、器物的有关属性、特征及其活动，引申出含有祈福避灾之意的剪纸作品。寓意剪纸不像谐音剪纸那么直接和容易索解，有时会显得比较隐晦、牵强，有时则事出有典，具有很强的地域性。

剪纸主要色彩为红色，多用于节庆等环境的布置和装饰等，具有喜庆、吉利的意义。

图7-27

二、面具与脸谱赏析

我国的面具与脸谱具有独特的内涵和造型特点，在它们形成和发展的漫长岁月里，其与原始乐舞、巫术、图腾崇拜及民间歌舞、戏剧等相融合、依存、渗透。面具在民间称为脸壳、脸子或鬼脸，品种繁多，功用广泛。目前，大致包括灶火面具、悬挂面具与戏曲舞蹈面具等类型。

脸谱是中国戏曲与民间舞蹈表演中为了表现人物身份及性格特征，对面部所作的程式化的彩绘，是类型化、性格化的化妆。脸谱以夸张的造型和色彩来改变演员的本来面目，一般用于戏曲中的净角和丑角，它与略施彩墨以达到美化效果的生角和旦角的化妆不同。因此，戏曲脸谱一般分为净角脸谱和丑角脸谱两大类。

脸谱有各种谱式，是对构图相近的脸谱的一种概括性称谓，还有把动物形象拟人化后的象形脸谱，如孙悟空、金钱豹。脸谱的基本谱式虽然只有十几种，但由于色彩、线条的变化，脸谱显得非常丰富。

脸谱集中表现或应用在民间的社火活动和戏曲表演艺术中，其功能为美化与装饰。脸谱以其鲜艳而丰富的色彩，优美而规律的造型，与表演艺术的整体达到和谐的效果。脸谱可强化角色的性格或心理特征（见图7-28）。戏曲脸谱的表现力是由具有特色观念的色彩和一定的造型组合而形成的。首先，脸谱的设色具有特定的象征意义。例如，红色表示忠耿，黄色表示干练，白色表示阴鸷，黑色表示耿直，绿色表示凶狠，蓝色表示桀骜，紫色表示忠谨。其次，每一种设色的象征意义又与相应的装饰化的造型分不开，这间接地反映了化妆者和观众的心理状态，渲染了气氛。戏曲脸谱在视觉上总是和人物、剧情相一致，在表现剧中角色个性的同时，也增强了整个舞台的艺术效果。

图7-28

三、民间陶瓷赏析

民间陶瓷是指适应生活需要且具备相应的美学特征的陶瓷制作。我国的陶瓷可分为陶器和瓷器两大类。

早在新石器时代的仰韶文化，其彩陶制作工艺已经达到了相当高的水平。这种彩陶是一种在质地细腻的器物上绘有红、黑、白色图案的陶器，其造型和装饰非常丰富。例如，半坡类型的彩陶（见图7-29），造型朴实厚重，彩绘纹样除了几何图案外，以人面、鱼、鹿等形象最为引人注目；庙底沟类型的彩陶彩绘纹样以几何图案为主，变化更为多样。马家窑类型的彩陶（见图7-30）特别注重彩绘装饰，装饰面积大，有的甚至饰满全身；半山类型的彩陶造型更加优美，最有特色的是长颈和短颈或无颈而有折沿的小口宽肩大腹双耳壶，造型丰满浑厚、稳重大方，当人们俯视时，这些彩陶上的装饰纹样恰好成为整个造型的图案之一。

> **小贴士**
>
> 　　陶瓷的感染力是很强大的，在生活中，我们一定要注意观察它们的各种艺术造型，体会作者所要表达的思想，注意艺术语言表达形式在实际中的应用。

图7-29

图7-30

　　唐代的三彩陶器（见图7-31）继续发展了陶器业。江苏宜兴的紫砂陶器在明清两代极负盛名。紫砂陶器只在宜兴一带烧造，样式丰富，但以茶壶最有特色，用以盛茶，茶味特别清醇，使用年代越久，泡出的茶也越醇郁芳香，因而在很久以前就享有"世间茶具称为首"的赞誉。

图7-31

　　在陶器工艺的基础上，我国劳动人民又创造了瓷器。瓷器（见图7-32）作为一种观赏和实用相结合的工艺品，它的艺术价值除了表现在造型与纹饰方面外，同时还表现在瓷器的外形美与整个瓷质的有机结合。在民间瓷器中，最受劳动人民喜爱的当属青花瓷器（见图7-33）。青花瓷器是民间艺人们在坯胎的外壁和内底以寥寥几笔画上鱼、凤、蝙蝠、八仙等吉祥图案后烧制成的呈淡蓝色的瓷器，图案多清新、明快。

图7-32　　　　　　　　　　　图7-33

四、泥玩赏析

　　我国民间泥玩可谓历史悠久，与其他雕塑作品相比，泥玩作品颇为广泛。在民间，泥玩作品通常都是上彩的。民间泥玩的起源与发展与其他民间工艺一样，其创作与消费都依赖于各地本土的审美眼光，"泥土味"十足。也正因为这点，民间泥玩才有了率真和质朴的品质，例如，在汉代就出现了陶马玩具（见图7-34），朴素率真、形象生动。我国出产泥玩的地方很多，风格差异很大。在著名的无锡惠山泥玩作品中，最具代表性的是"大阿福"的形象（见图7-35），这种形象从无锡泥玩初创时就已经出现并确定了下来。它所表现的是淳朴、强壮、健康的农村儿童形象。

图7-34　　　　　　　　　　　图7-35

五、织绣赏析

　　织绣从制作手法上可以分为刺、织、印、染、挑、贴、扎等，因而出现了刺绣、挑花、织锦、染印等艺术品类。

　　刺绣，俗称"绣花"或"女红"，是指用彩色的丝、绒、棉线在绸缎、布帛等材料上凭借针的穿刺运动，构成各种纹样、图案或文字，用以装饰。江苏的苏绣（见图7-36）图案秀丽，色彩文雅，针法灵活，绣画精细，形象传神；湖南的湘绣（见图7-37）构图大方优美，色彩鲜艳，绣艺灵活精巧，风格奔放，强

图7-36

调写实；四川的蜀绣（见图7-38）构图简练，针法严谨，针脚平齐，虚实得当，富有立体感；广东的粤绣（见图7-39）则装饰趣味较重，色彩浓艳，变体绣法多。苏绣、湘绣、蜀绣和粤绣并称为我国"四大名绣"。

  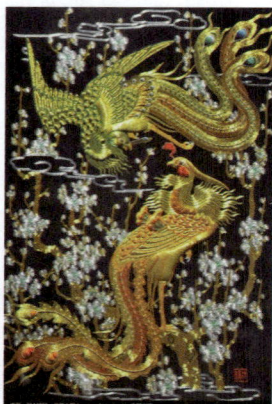

图7-37　　　　　　　　图7-38　　　　　　　　图7-39

六、蜡染赏析

蜡染是用融化的蜡液施绘于布面，待蜡液凝固为"斑花"后，投入靛蓝液中浸染，施蜡部分不受色，煮洗去蜡，蜡痕便在深蓝色的布面上留下"白描"（蓝底白纹）的图画。蜡染（见图7-40）是蓝印花布的前身，蜡染图案常在均衡、安定、和谐的构图之下，跳荡着逻辑和含义的活泼、奇诞。

图7-40

七、服饰赏析

服饰以人体为依附而显示其造型，它随着人体的运动姿态和穿着者的交往活动，呈现出动态的造型。从造型上看，宽大厚实的藏袍和右臂袒露的穿着方式，显示英武豪放的气质；细薄柔软，紧身而裹的傣衣，勾画出傣家姑娘婀娜秀美的姿态；绣衣绣招或旗袍，衬托出汉家女子的温文尔雅。物饰的华丽、涂绘的诡奇等，首先通过服饰的形制表现出来，暗含着与实用价值俱存的审美价值。

从图案上看，服饰纹样强烈的形式感和独立的造型，使它们一开始就有浓郁的审美情趣，成为"有意味的形式"。在风格上，锦的华丽、十字挑花的质朴、蜡染的自然天成、刺绣的绚烂多彩和浮雕性手感，以及由此相随的图案变形规则和形式原理，都具有各自独到的美感特质。从质地上看，蒙古袍、藏袍（见图7-41）的粗犷豪放与毛、皮等材料的质感分不开；傣裙（见图7-42）的秀丽清柔与绸、纱等材料的质感分不开。因此，民族服饰的质地，也是构成服饰审美的一个特殊因素。

图7-41

图7-42

八、手工艺术赏析

除了以上常见的工艺美术形式之外，社会上还有许多手工艺术，其中很多都在幼儿园的教学实践中应用得比较广泛，主要包括以下几种。

1. 花布艺术（见图7-43）

图7-43

2. 陶泥艺术（见图7-44）

图7-44

3. 纤维编织艺术（见图7-45）

图7-45

4. 木雕艺术（见图7-46）

图7-46

图7-46（续）

5. 衍纸艺术（见图7-47）

图7-47

6. 蛋雕艺术（见图7-48）

图7-48

7. 沙塑艺术（见图7-49）

图7-49

8. 面塑艺术（见图7-50）

图7-50

9. 皮具艺术（见图7-51）

图7-51

10. 不织布艺术（见图7-52）

图7-52

11. 马勺艺术（见图7-53）

图7-53

12. 彩泥艺术（见图7-54）

图7-54

13. 纸花艺术（见图7-55）

图7-55

14. 创意便当（见图7-56）

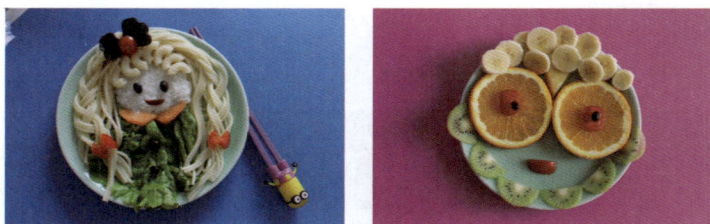

图7-56

15. 热缩片艺术（见图7-57）

图7-57

练练看

1. 收集各种剪纸、陶瓷、面具、服饰等方面的作品，进行艺术特色方面的分析。

2. 选择京剧脸谱的图样，按照比例完成京剧脸谱图案的绘制，在绘制的过程中感受中国传统文化的艺术魅力。

3. 了解幼儿园里常出现的手工艺术形式，选择彩泥艺术制作一个简单的彩泥作品，体会幼儿园里手工形式的特点。

第四节
建筑艺术赏析

一、建筑艺术的特色

建筑是建筑物和构筑物的统称。建筑艺术是人类用砖、石、瓦、木、铁等材料在固定的地理位置上修建或构筑用来居住和活动的内外空间等的艺术。建筑艺术按照美的规律，运用建筑艺术独特的艺术语言，使建筑形象具有文化价值和审美价值，具有象征性和形式美，体现民族性和时代感。以功能特点来划分，建筑艺术可分为纪念性建筑、宫殿陵墓建筑、宗教建筑、住宅建筑、园林建筑等类型。

建筑的本质是人类建造用以居住和活动的生活场所，所以，实用性是建筑的首要特性。但随着人类的发展，建筑越来越具有审美价值。由于建筑能够强烈地体现一定的社会意识，因此建筑就不断地向着建筑艺术的方向发展，但总体来说，建筑艺术与工艺美术一样，仍然是一种实用价值与审美价值相结合的艺术。

建筑是一种立体作品，属于空间造型艺术。所以，建筑主要通过建筑艺术语言和表现手段来构成一个丰富、复杂的形体体系，体现空间造型美（见图7-58），营造一定的意境，引起人们的联想，满足人们的审美需要。

建筑的形式美主要通过空间、形体、比例、均衡、节奏、色彩、装饰等要素体现。空间是建筑的基本形式要素，建筑主要通过巧妙地创造各种内外空间来增强表现力；形体是指建筑的总体轮廓，建筑通过线条和形体、空间和实体的不同组合方式，以及建筑与环境的和谐统一，突出其独特的个性色彩和特有的艺术感染力；比例是指由建筑的高度和宽度形成的科学合理的尺寸对比，另外比例也包括建筑与周围环境的比例协调；均衡指的是建筑的形式无论是对称的还是非对称的，都会给人们带来的一种平衡感；节奏是指通过有规律的变化和排列，利用建筑的墙柱、门、窗等有秩序地重复出现（见图7-59），产生韵律感，建筑因此有"凝固的音乐"的美称；色彩也常常以协调和互补的搭配，使建筑给人带来独特的审美感受；装饰（见图7-60）作为建筑的有机组成部分，为建筑起到增光添彩的作用。

图7-58

图7-59

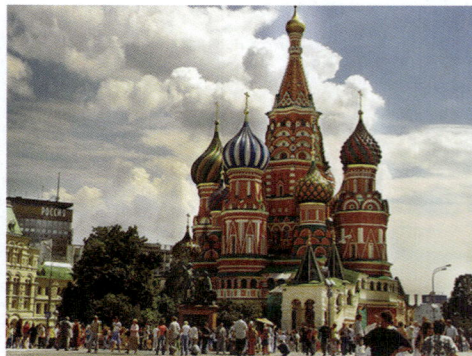

图7-60

中国古代的工匠很早就发现了利用屋顶获得艺术效果的可能性。到了汉代，5种基本屋顶式样——四面坡的"庑殿顶"，四面、六面、八面坡或圆形的"攒尖顶"，两面坡但两山墙与屋面齐的"硬山顶"，两面坡而屋面挑出到山墙之外的"悬山顶"，以及上半部分是悬山而下半部分是四面坡的"歇山顶"就已经形成。我国古代工匠充分运用木结构的特点，创造了屋顶举折和屋面起翘、出翘，形成如鸟翼伸展的檐角和屋顶各部分柔和优美的曲线。

二、建筑艺术的形式美及其象征内涵（以北京故宫为例）

从格局上看，故宫位于北京的中轴线上，其本身也是沿着严整的中轴线布局的。重点建筑突出，体形阔大，又兼取两翼。中轴线突出了皇权的尊严。从院落组合上看，故宫用殿、廊、门、墙进行围合，创造出许多丰富的空间序列，其间通过院、广场等空间的开合、收放的对比，层层过渡，相映相衬，产生连续的变化，突出了重点建筑和场地的地位（见图7-61）。

图7-61

从建筑形体尺度来看，故宫各建筑依其地位，按不同等级，严格控制着建筑的大小，主要的建筑如外朝多为十一开间，其基座也宽广高大，而内朝和一些辅助用房则为七、五、三开间的规格，相对低矮简朴，台基平缓少装饰。这些高低、多少的形体组合，恰好丰富了空间轮廓，产生节奏美。装饰上看，故宫的屋顶可谓集大成，屋顶的形式和色彩都显示出尊长地位，且其木构件、石雕、砖雕、琉璃件的工艺都是精选最精华的。从色彩上看，故宫的等级制度一目了然。自远处眺望故宫和城市，只见故宫闪耀着富丽的光芒，黄色的屋顶、红色的檐柱都显得无比壮观和神气。而故宫中低矮的、屈曲着的被灰色笼罩的民房似乎匍匐着，这样的布局与色彩无疑使天子居所的神秘与威严显得更加强烈。

因此，我们可以说，建筑艺术作为民族文化的体现和时代精华的镜子，以其独特的方式反映出一定的社会意识形态和深刻的历史文化内涵。美学家鲍列夫说："人们习惯于把建筑当作世界的编年史，当歌曲和传说都已沉寂，已无任何东西能使我们回想一去不返的古代民族时，只有建筑还在说话。"

练练看

1. 选择一幅现代建筑图片，从建筑的空间、结构、色彩等艺术语言方面进行赏析。
2. 选择一组古代建筑图片，说一说古代建筑的艺术风格。

三、建筑欣赏

悉尼歌剧院　澳大利亚

埃菲尔铁塔　法国

金字塔　埃及

双子塔　马来西亚

泰姬陵　印度

东方明珠　中国

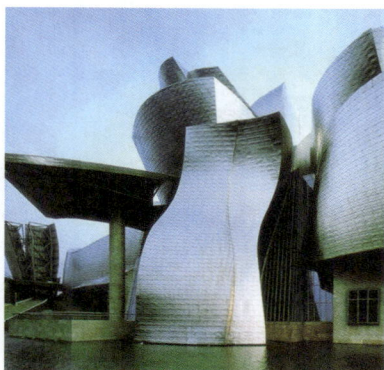

上海世博会中国馆　中国

古根海姆博物馆　美国

第八章　幼儿美术作品赏析

　　美术活动过程与美术作品提高了幼儿的满足感，而这种满足感是个人成就感的重要源泉。在美术欣赏教育中，教师为幼儿精心选择美术作品，引导他们亲身体验和感受其审美特征，以促使他们内心的情感与美术作品所表达的生命力达到共振。幼儿美术教育应注意让幼儿多通道地参与，"看、想、说、画、玩"不失为一些成功的做法，不同的活动类型有利于幼儿注意力的提高和兴趣的保持。教师要避免单纯的技能技巧性训练和单纯的思想内容说教。所以，教师在让幼儿赏析美术作品时，一定要注意对美术教育及幼儿美术欣赏活动的研究。

　　同时作为幼儿美术作品的观赏者，教师也要看到幼儿在美术活动中投入的热情，他们在稚拙的线条和色彩中表达出对外界事物的思考和观察（见图8-1），就是在这个过程中，幼儿的感受，对事物的分析，强烈的感情，支配事物的欲望，才得以培养与发展。幼儿参与美术活动的过程能提升其创造能力，教师在教学中要对幼儿的创造力进行强化训练，去掉他们在画画时的顾虑，让幼儿尽情地去表达、感受。

图8-1

一、幼儿美术类型及赏析

1. 创意画

创意画是指创作者在生活积累和形象积累的基础上，画出没有见到过而又合乎逻辑的美术作品形象。作为一种基本的绘画训练方法，创意画以培养孩子的想象力、发展孩子的形象思维为重点。孩子的天性就是玩，而创意画就为其提供了一种情感表达方式，而且很恰当。教师应该开阔孩子的视野，有意识地培养他们摆脱一般的想法和做法，从非常态的角度将他们带入创意思维的世界里，使常态的生活元素在非常态的组构中迸发出奇特的感觉和趣味，从而培养孩子发现美与创造美的能力。

例如，一个孩子设计了一个动物脸谱造型的大屏幕（见图8-2左）；另一个孩子抓住城堡的特点，表现疏密变化的建筑（见图8-2右），这些作品都非常具有想象力。

图8-2

> **小贴士**
>
> 创意画是训练幼儿想象力的一种绘画表现方式。但在实际教学过程中，教师一定要对幼儿绘画的方法进行引导，帮助幼儿实现自己想要的效果。

2. 指印画

指印画是把手指当作笔，用印泥或颜料作为绘画材料，在纸上印出各式各样的手指印，再通过丰富的想象力，用画笔添加简单的线条，表现富有创意的画面的一种绘画种类。简而言之，指印画就是利用手指作画的一种绘画形式（见图8-3）。这种绘画形式可以陶冶孩子的生活情趣，激发孩子无穷的想象力和创造力。

图8-3

3. 水粉画

水粉画是使用水调合粉质颜料绘制而成的一种画。在图8-4中，兵马俑被孩子用暗色表现出了历史文物的久远感；枫树的红色、黄色表现出了印象派的光感；花丛用厚颜料表现出的质感，具有很好的装饰效果；白白的绵羊表现出柔软的质感；装饰画的色彩分别用冷暖色调完成，画工细致，颜色搭配和谐；房子后面的天空采用点彩派的手法，体现出五彩缤纷的层次感。

图8-4

4. 手印画

在绘制手印画时要注意主体造型的整体性，并注意手印的方向和疏密感，用色也要注意对比和协调。图8-5所示的绘画主题是"笑脸手"，画面表现得非常生动，而且在装饰上都采用了点彩法，颜色鲜艳，有一种闪烁感，对脸部造型起到很好的衬托作用。

图8-5

5. 水墨画

水墨画是用毛笔、墨和宣纸进行创作的绘画形式。水墨画利用墨色的浓淡、干湿渗透等技法来表现（见图8-6）。

图8-6

6. 线描画

线描就是用线条画出物体的轮廓，以表现对象的形态的绘画形式。线描画的画法简单，造型明确，概括性强，是幼儿非常喜欢的绘画形式之一（见图8-7）。

图8-7

7. 粘贴画

粘贴画是利用现成的点状、线状、面状材料粘贴出具有浮雕感或平面感的画面的绘画形式（见图8-8）。

图8-8

8. 水彩与油画棒

水彩与油画棒的结合可以表现出虚幻的效果。图8-9表现的是恐龙，创作者用油画棒画出恐龙，然后用水彩调出需要的背景颜色。油画棒与水彩不相融，使恐龙的轮廓线与背景形成很分明的效果。另外，油画棒的厚和水彩的薄也形成明显的对比效果。

图8-9

9. 彩笔画

彩笔具有很强的笔触特点，所以在绘画时要注意用笔的顺序，不要从不同方向用笔，尽量顺向用笔，保证笔触的整齐，这样可避免画面混乱（见图8-10、图8-11）。

除了上述绘画形式外，还有很多种绘画形式，如沙画、水印画、吹色画、吹泡泡画等。幼儿教师一定要根据需要，以及对幼儿美术水平的研究选择合适的绘画形式，有变化地授课。这样才能与时俱进，走在时代前列。

图8-10

图8-11

练练看

创作一幅幼儿创意画"未来世界"。

2. 在生活中收集各种颜色的杂志封面，运用粘贴画的
形式制作一幅"我爱大自然"的粘贴画。

二、幼儿美术作品欣赏

幼师美术

（第3版 全彩微课版）